象山渔民开洋节

象山渔民开洋节

总主编 金兴盛

浙江省非物质文化遗产代表作丛书

浙江摄影出版社

解亚萍 编著

浙江省非物质文化遗产代表作丛书（第二批书目）编委会

总 序

中共浙江省省委书记
省人大常委会主任　夏宝龙

　　非物质文化遗产是人类历史文明的宝贵记忆，是民族精神文化的显著标识，也是人民群众非凡创造力的重要结晶。保护和传承好非物质文化遗产，对于建设中华民族共同的精神家园、继承和弘扬中华民族优秀传统文化、实现人类文明延续具有重要意义。

　　浙江作为华夏文明发祥地之一，人杰地灵，人文荟萃，创造了悠久璀璨的历史文化，既有珍贵的物质文化遗产，也有同样值得珍视的非物质文化遗产。她们博大精深，丰富多彩，形式多样，蔚为壮观，千百年来薪火相传，生生不息。这些非物质文化遗产是浙江源远流长的优秀历史文化的积淀，是浙江人民引以自豪的宝贵文化财富，彰显了浙江地域文化、精神内涵和道德传统，在中华优秀历史文明中熠熠生辉。

　　人民创造非物质文化遗产，非物质文化遗产属于人民。为传承我们的文化血脉，维护共有的精神家园，造福子孙后代，我们有责任进一步保护好、传承好、弘扬好非物质文化遗产。这不仅是一种文化自觉，是对人民文化创造者的尊重，更是我们必须担当和完成好的历史使命。对我省列入国家级非物质文化遗产保护名录的项目一项一册，编纂"浙江省非物质文化遗产代表作丛书"，就是履行保护传承使命的具体实践，功在当代，惠及后世，有利于群众了解过去，以史为鉴，对优秀传统文化更加自珍、自爱、自觉；有利于我们面向未来，砥砺勇气，以自强不息的精神，加快富民强省的步伐。

党的十七届六中全会指出，要建设优秀传统文化传承体系，维护民族文化基本元素，抓好非物质文化遗产保护传承，共同弘扬中华优秀传统文化，建设中华民族共有的精神家园。这为非物质文化遗产保护工作指明了方向。我们要按照"保护为主、抢救第一、合理利用、传承发展"的方针，继续推动浙江非物质文化遗产保护事业，与社会各方共同努力，传承好、弘扬好我省非物质文化遗产，为增强浙江文化软实力、推动浙江文化大发展大繁荣作出贡献！

（本序是夏宝龙同志任浙江省人民政府省长时所作）

前 言

浙江省文化厅厅长 金兴盛

　　国务院已先后公布了三批国家级非物质文化遗产名录，我省荣获"三连冠"。国家级非物质文化遗产项目，具有重要的历史、文化、科学价值，具有典型性和代表性，是我们民族文化的基因、民族智慧的象征、民族精神的结晶，是历史文化的活化石，也是人类文化创造力的历史见证和人类文化多样性的生动展现。

　　为了保护好我省这些珍贵的文化资源，充分展示其独特的魅力，激发全社会参与"非遗"保护的文化自觉，自2007年始，浙江省文化厅、浙江省财政厅联合组织编撰"浙江省非物质文化遗产代表作丛书"。这套以浙江的国家级非物质文化遗产名录项目为内容的大型丛书，为每个"国遗"项目单独设卷，进行生动而全面的介绍，分期分批编撰出版。这套丛书力求体现知识性、可读性和史料性，兼具学术性。通过这一形式，对我省"国遗"项目进行系统的整理和记录，进行普及和宣传；通过这套丛书，可以对我省入选"国遗"的项目有一个透彻的认识和全面的了解。做好优秀传统文化的宣传推广，为弘扬中华优秀传统文化贡献一份力量，这是我们编撰这套丛书的初衷。

地域的文化差异和历史发展进程中的文化变迁，造就了形形色色、别致多样的非物质文化遗产。譬如穿越时空的水乡社戏，流传不绝的绍剧，声声入情的畲族民歌，活灵活现的平阳木偶戏，奇雄慧黠的永康九狮图，淳朴天然的浦江麦秆剪贴，如玉温润的黄岩翻簧竹雕，情深意长的双林绫绢织造技艺，一唱三叹的四明南词，意境悠远的浙派古琴，唯美清扬的临海词调，轻舞飞扬的青田鱼灯，势如奔雷的余杭滚灯，风情浓郁的畲族三月三，岁月留痕的绍兴石桥营造技艺，等等，这些中华文化符号就在我们身边，可以感知，可以赞美，可以惊叹。这些令人叹为观止的丰厚的文化遗产，经历了漫长的岁月，承载着五千年的历史文明，逐渐沉淀成为中华民族的精神性格和气质中不可替代的文化传统，并且深深地融入中华民族的精神血脉之中，积淀并润泽着当代民众和子孙后代的精神家园。

岁月更迭，物换星移。非物质文化遗产的璀璨绚丽，并不意味着它们会永远存在下去。随着经济全球化趋势的加快，非物质文化遗产的生存环境不断受到威胁，许多非物质文化遗产已经斑驳和脆弱，假如这个传承链在某个环节中断，它们也将随风飘逝。尊重历史，珍爱先人的创造，保护好、继承好、弘扬好人民群众的天才创造，传承和发展祖国的优秀文化传统，在今天显得如此迫切，如此重要，如此有意义。

非物质文化遗产所蕴含着的特有的精神价值、思维方式和创造能力，以一种无形的方式承续着中华文化之魂。浙江共有国家级非物质文化遗产项目187项，成为我国非物质文化遗产体系中不可或缺的重要内容。第一批"国遗"44个项目已全部出书；此次编撰出版的第二批"国遗"85个项目，是对原有工作的一种延续，将于2014年初全部出版；我们已部署第三批"国遗"58个项目的编撰出版工作。这项堪称工程浩大的工作，是我省"非遗"保护事业不断向纵深推进的标识之一，也是我省全面推进"国遗"项目保护的重要举措。出版这套丛书，是延续浙江历史人文脉络、推进文化强省建设的需要，也是建设社会主义核心价值体系的需要。

在浙江省委、省政府的高度重视下，我省坚持依法保护和科学保护，长远规划、分步实施，点面结合、讲求实效。以国家级项目保护为重点，以濒危项目保护为优先，以代表性传承人保护为核心，以文化传承发展为目标，采取有力措施，使非物质文化遗产在全社会得到确认、尊重和弘扬。由政府主导的这项宏伟事业，特别需要社会各界的携手参与，尤其需要学术理论界的关心与指导，上下同心，各方协力，共同担负起保护"非遗"的崇高责任。我省"非遗"事业蓬勃开展，呈现出一派兴旺的景象。

"非遗"事业已十年。十年追梦，十年变化，我们从一点一滴做起，一步一个脚印地前行。我省在不断推进"非遗"保护的进程中，守护着历史的光辉。未来十年"非遗"前行路，我们将坚守历史和时代赋予我们的光荣而艰巨的使命，再坚持，再努力，为促进"两富"现代化浙江建设，建设文化强省，续写中华文明的灿烂篇章作出积极贡献！

2013年11月20日

目录

象山渔民开洋节是象山渔民在独特的自然环境、历史文化背景和长期耕海牧鱼的生产、生活中形成的别具特色的传统民俗活动,包括渔民祭祀活动和传统民间文艺表演等内容,主要流传在象山县沿海乡镇。开洋节是渔船出海时渔民祈求平安、丰收的民俗活动,是渔民的一种精神寄托,主要有娱神、娱人两大板块,以祭祀为核心,以民间文艺表演为主轴,含有历史、宗教、生产、民俗等诸多文化内容。根据相关史料的记载和老渔民的回忆,象山渔民开洋节活动距今已有一千多年历史,清代雍正年间到民国期间是其鼎盛时期,后来逐渐衰落,改革开放后,很多渔村在传承传统的基础上有所创新。目前,象山东门岛渔村举行的开洋节规模最为盛大。

象山渔民开洋节承载着象山渔民许多重大的历史文化信息和原始记忆,大量的祭祀礼仪和民族民间文化艺术表演形式在渔民开洋节活动中保留下来,被民俗专家认为是中国沿海比较有代表性的祭祀现存。它不仅对活跃渔村文化生活、繁荣渔文化创作起着巨大的推动作用,在民俗学、中国沿海地区祭祀史、渔业生产史等方面也有较高的研究价值。东门岛的渔民开洋节得到省、市新闻媒体的多次报道和各级专家学者的肯定,2008年6月,渔民开洋节、谢洋节列入第二批国家级非物质文化遗产名录。

本书基本按照"浙江省非物质文化遗产代表作丛书"编纂出版方案编著,主要介绍了象山渔民开洋节的产生背景、形成因素、分布区域和活动场所,记录了象山渔民开洋节的历史沿革、基本内容和整套程序,阐述了象山渔民开洋节的主要特征和保护价值,分析了象山渔民开洋节的现状,提出了今后的抢救和保护措施。今天,我们将象山渔民开洋节漫长的文化历程挖掘、搜集、整理出来,把她独特的民俗表现形式展示出来,旨在保护、弘扬别具特色的象山渔区民俗文化,使象山渔民开洋节代代相传,永葆活力。这对保护和传承渔区传统渔俗文化、创造象山渔文化品牌和建设海洋渔俗文化生态保护区具有十分重要的历史价值和现实意义。

编著者

象山渔民开洋节的产生背景和形成因素

象山渔民开洋节是在象山独特的自然环境、历史文化背景和长期耕海牧鱼的生产、生活中产生、传承和发展的别具特色的传统民俗活动。

象山渔民开洋节的产生背景和形成因素

民俗的起源和发展是地理环境和人类活动相互作用的结果，自然条件的差异导致生产和生活方式的不同，各地的民俗事象也总会有所区别，因而自古就有"十里不同风，百里不同俗"的说法。象山渔民开洋节是在象山独特的地理、人文环境和生产、生活方式中产生、传承和发展的独特的民俗和非物质文化遗产。

[壹]象山渔民开洋节的产生背景

一、独特的地理环境

象山县位于浙江省东部沿海中段，宁波市东南部，居于象山港与三门湾之间，地处北纬28°51′18″至29°39′42″、东经121°34′03″至122°17′30″，是一个三面环海、一路穿陆的半岛县。它北临象山港，与鄞州区、奉化市隔港相望；东北遥对舟山市普陀区的六横岛和宁波市北仑区的梅山岛；东濒大目洋；南接猫头洋，隔三门湾与台州市的三门县相峙；西连宁海县；自宁海县紫溪、梅林至一市东延入海。

象山县处于象山半岛的东部，县境由象山半岛东部本土及沿海656个岛礁组成。南北长90千米，东西宽70千米，全县陆域面积1382

锦绣松兰山（沈颖俊　摄）

渔港（周祖安　摄）

平方千米。大陆岸线348.73千米，岛屿岸线575.94千米，海岸线总长924.67千米，约占全省海岸线总长的1/8。沿海海域广阔，以领海12海里计算面积6618.17平方千米。岸线构成曲折，岬湾相间，水道纵横，多优良港湾：北部的象山港是全国著名的深水良港，长年不冻不淤，多处可建万吨级以上泊位；南部的石浦港长18千米，是全国六大一级中心渔港之一，国家二类开放口岸，可泊万艘渔船；还有位于石浦港东南25海里外的著名的渔山渔场，紧濒大目洋、猫头洋、大陈三个渔场，海洋渔业生产条件优越，是著名的渔业大县。目前，象山县境内直接或间接从事渔业生产的人口约8万人，占全县人口的15%。由此可见，象山的民俗活动与海洋渔业息息相关。

二、深厚的历史文化底蕴

春秋时期，象山为越国鄞地，汉代为鄞县、回浦（后改章安）两县地，唐初分属宁海及鄮县。唐神龙二年（706），象山置县，治彭姥村，因村北有山，"形似伏象"，故名象山，县以山名，属台州；广德二年（764）改隶明州（明代改称宁波）。民国元年（1912），南田置县，治樊岙，同年4月划象山东溪岭以南地入南田县，遂迁治石浦。翌年取消划并，南田还治樊岙。1940年，撤南田县，另置三门县，南田为其辖地。1949年7月8日，象山解放，10月成立县人民政府，属宁波专区。1952年，南田从三门划归象山。1954年4月，象山改隶舟山专区。1958年10月，宁海县并入象山，隶台州专区。1961年10月，复置宁海县，象山还治原境，仍属宁波专区（后称地区）。1983年，宁波地、市合并，象山为宁波市属县。

象山的海蚀地貌景观无与伦比，堪称我国东南沿海一绝。旖旎多姿的山海风光融青山、碧海、蓝天为一体，千姿百态，美不胜收。"海山仙子国，万象画图里"是南宋名相文天祥描绘象山奇特山海景观的诗句，流传千古。

据塔山史前文化遗址出土文物考证，在距今6000年的新石器时代，就有先民在象山繁衍生息，孕育了灿烂的"塔山文化"。明初所建的昌国卫城与爵溪、钱仓等千户所的抗倭设防遗址以及明末张苍水屯兵抗清遗迹等，给象山留下了宝贵的海防文化。千百年来，象山渔民与海相依，创造了具有深厚底蕴的渔文化。此外，还有独特的"不老文化"。据《象山县志》记载，秦代方士徐福为秦始皇求长生不老之药，曾留居县城北蓬莱山。[1]蓬莱是我国古代传说中最早的三座神山（蓬莱、瀛洲、方丈）之一，历代文人骚客甚至帝王将相（如宋高宗赵构、宰相文天祥）均

塔山遗址发掘现场（象山县文管会　供稿）

[1] 陈汉章总纂民国《象山县志》，第九卷，第466—467页，方志出版社，2004年重刊。

丹山井

有歌咏这些古迹名胜的诗文传世。从秦汉到清代,古代帝王遍寻长生不老药,从而衍生炼丹术,而象山就是我国较早的炼丹地之一。相传唐代以前,陶弘景在丹山炼丹,故象山县城雅称"丹城"。蓬莱仙岛的传说、炼丹术及相关文化在中国文化史上占有重要地位。

三、悠久的渔业发展历史

象山渔民开洋节是象山渔民的传统海事活动和海事生活积累而成的精神产物,是与海洋渔业生产息息相关的独特文化形态。

象山渔业发展历史源远流长,塔山文化遗址发现有石网坠和青铜鱼钩等器物，这揭示出象山先民耕海牧渔的历史可上溯至6000年前的新石器时代。又据史料记载，隋唐时期，象山县沿海渔民就已渔农兼作，在滩涂上采集贝壳，沿岸徒手捕捉鱼虾。东门岛居民垦山耕作，下海捕鱼，爵溪渔村男捕女织，世代

塔山遗址出土的石网坠（象山县文管会 供稿）

塔山遗址出土的青铜鱼钩（象山县文物办 供稿）

相传。到唐代中期，随着航海业和造船业的发展，东门岛逐步发展出简易舟楫在沿岸作业，出现了一种叫"丈八河条"的渔船。南宋嘉定二年（1209），东门岛有"丈八河条"船十余艘，爵溪渔村由于渔船增大，出现了单船或对船作业。浅近海捕鱼仍是当时的主要作业，最早是在海涂上插竹竿以布作网（称"串网"）围捕，利用潮汐的涨落拦住鱼虾；后改用苎麻织网代替串网，一直沿用到20世纪60年代，才被聚乙烯、聚丙烯等合成纤维网替代。[1]

[1] 余维新主编《象山县渔业志》，第167页，方志出版社，2008年。

象山县真正意义的海洋渔业捕捞当在12世纪末至13世纪初形成，从手抓、棒打的滩涂采捕逐步转为用船和网具捕鱼，小型木帆船开始在海洋渔业中应用。据《象山县渔业志》记载："据南宋宝庆年间（1225—1227）编纂的《四明志》记载：'象山多鱼盐之利，三、四月，业海人每以潮汛竞往采之，曰洋山鱼。'该志还描述当时捕大黄鱼汛之盛况：'舟人连七郡出洋取之，故至今沿海人称大黄鱼汛为洋山汛。'古书也有捕捞大黄鱼之盛景的记载。明代《顾炎武天下郡国利病书》载：'盖淡水门在渔场南隅，石浦港北铜头山与牛栏基岛所夹之水道也，产黄鱼之渊薮，每岁孟夏潮水势急，则推鱼至深，渔船于此出洋捞取，计宁、台、温大小木船以万计，苏、松船以数百计，小满后凡三度，浃旬之间，获利不知几万金。'《广志绎》（王士性著）也载：'鱼师则以篙筒下水听之，每声向上则下网，下则不，是鱼命之司也。'又云：'捕鱼分三水，鱼师听鱼叫声，探找鱼群，

串网（汤先江 摄）

指挥下网，其所属之渔船除四明外，尚有台、温之船，每船一水，获利厚者可得二三百金。'可见当时海洋捕捞的规模之大、之盛。"[1] 一直到20世纪60年代末期，象山县渔民仍然根据汛期捕鱼，作业范围也局限在住处附近的港湾浅海。

从明洪武三年(1370)第一次实行海禁以来，朝廷曾多次实行海禁，致使海洋渔业捕捞逐渐衰落，一度处于停顿状态。直至清康熙二十三年（1684）正式颁布展海令，允许二桅以下渔船出海捕鱼，禁令才得以解除。

清雍正年间（1723—1735），东门岛渔民开始仿福建式样造大捕船，每年农历三月廿至三月廿三日或四月初八（闰年）前，北上岱衢洋，采用大捕抛椗张网作业捕洋山黄鱼，每船一水获利好的，可收入两三百块大洋（银元）。旧有渔谣："东门大捕船，一网三万六，抲到早稻熟。"可见鱼汛规模之巨，获利之大。当时，东门岛有大捕船80余艘，在岱山铁板沙做埠租借民房为栈房，农历六月廿前后，渔船返乡"休秋"。此期象山渔业已向远海发展。

清康熙后期，大型船网工具出现，拥有较多渔船渔具的渔民逐渐成为渔东老板，俗称"长元"，一部分渔民成为受雇于长元的渔工。东门和爵溪两地渔业开始形成长元制（雇佣制），另外还有一些自有少量生产工具的自由渔民。起初长元同渔工一起劳动，船网

---

[1] 余维新主编《象山县渔业志》，第167—168页，方志出版社，2008年。

大捕船（解亚萍　摄）

工具按一定股份收取酬金，称"硬脚长元"；乾隆至嘉庆年间，大对船、大捕船、独捞船作业兴起，部分长元脱离劳动，雇佣渔工，坐收渔利。

民国时期，时局动荡，社会经济变化导致渔船时多时少，但渔船始终归私人所有。1932年，象山渔会爵溪分会成立，爵溪有渔船181只，其中独捞87只，舢板94只，围网174顶。1947年初，东门有大捕船等各类渔船72艘，下海渔民246人。民国时期至1949年前后，渔业生产关系按作业船、网、资金、劳力的关系大体分三种形式，即长元制、合伙制和拔分制。[1]

总之，海洋渔业自古就是象山的优势产业，从1954年发展第一艘渔业机帆船起，至1978年达363艘，基本实现海洋捕捞机帆化。1986年开始发展大马力机帆船，1993年有大马力机帆船120对，捕捞作业向外海延伸。但大马力机帆船与渔轮相比又相形见绌，不久掀起了群众性打造钢质渔轮的高潮，至2005年，全县有渔业乡镇9个，渔业村36个，渔业户20233户，渔业人口58203人，渔业劳动力41150人，拥有大小机动船4111艘，非机动船300艘，其中钢质渔轮(184千瓦以上)1554艘。

与海相伴、靠海为生的劳作方式深深地影响着象山人的生活观念和心理特征，也形成了渔区独具特色的风俗习惯。

[贰]象山渔民开洋节的形成因素

象山渔民开洋节的形成除受特定的地理、生产、生活环境等普遍因素的影响外，还有以下两个特殊的因素。

一、风暴灾害因素

俗语云："靠山吃山，靠海吃海。"千百年来，象山渔家人靠大海为生，以海洋捕捞为主业，潮起扬帆，潮落进港，搏击在海天之间，收获在风浪之中。然而，大海在以博大无私的胸怀给予渔民无尽馈赠的同时，也以其暴戾与叵测带给渔民深重的灾难。每年按农

---

[1] 余维新主编《象山县渔业志》，第169页，方志出版社，2008年。

历时序有"暴[1]期"40余个（见附录），历史上，渔家人经常是用生命来换取全家人的温饱，有史料为证。

明嘉靖三十五年（1556）5月25日，台风大作，船坏百余艘。

明万历三年（1575）6月，海涌数丈，没船只、庐舍、人畜不计其数。

明崇祯元年（1628）7月，风雨、海溢，居民漂没无数。

清雍正三年（1725）7月18、19日，骤风、大雨、海啸，近海村庄、田庐淹没，塘圩多坏，民有溺死，奉蠲赈济。

清道光六年（1826）8月，飓风，雨如注，山水骤发，沿溪河房屋尽坏，溺亡5人，石浦西门尤甚，人物多漂荡。

清道光二十三年（1843）7月，大风雨，8月初又大风雨，坏舟淹禾，秋收歉甚。

清光绪二十八年（1902）秋，海溢，坏塘田，岁大歉，9月朔石浦港地裂，淹没30余户，溺死3人。

民国十一年（1922）6至7月，大风雨为灾，坏县署及民居无数。8月上旬东门岛遭风灾，毁渔船18艘，撞坏50艘，死渔民10人，民房刮倒70余间。

民国十七年（1928）7月30日，洪潮溢入，茅屋瓦房被坏甚多，南庄海水淹没，深3尺。

---

[1] 暴：当地渔民称强西北风为"暴"。

民国二十二年（1933）7月30日，东门大捕船遭风袭，毁船16艘，撞坏50余艘，死亡30人。

民国三十二年（1943）8月11、12日，飓风袭境，大雨倾盆，山洪暴发，溪水横流，平地水深3尺，沿海低地尽成泽国，田地、作物、塘堤、屋舍、人畜、船只损失严重。

民国三十四年（1945）5月下旬，东门大捕船在岱衢洋遭受阵风袭击，毁船10余艘，死亡20余人。

1953年8月16日，16号台风，风力12级，坏船33艘。

1954年5月14日，全象山木帆船帮在大目洋渔场遭8~9级阵风，翻船7艘，死亡4人。据当时舟山渔场指挥部有关部门提供资料，温、台地区渔船被偏北阵风袭击，翻沉103艘，死亡197人，洋面上一片惨象。

1956年遭遇"八一台风"。7月31日22时后，12级以上强台风在象山登陆，沿海有关地区的潮位突然增高1~2米，损失严重。据统计，死亡渔民31人，受伤渔民约250人，沉没、击毁大小渔船102艘，不同程度损坏大小渔船246艘。

1959年"吕泗洋风灾"。春汛，象山县渔船北上吕泗洋捕小黄鱼，4月11日晨，风力达11级，象山县有15个公社的141个生产单位、282艘渔船、2000余名渔民在吕泗洋上作业。风暴过后，有8个公社受损，沉没渔船13艘，其中机帆船1艘、打洋船1艘，渔民死亡62人，重伤7人，轻伤73人。

老渔民祭拜天后娘娘（解亚萍　摄）

　　1961年10月4日，强台风在三门湾登陆，全县受中心风力侵袭，渔区损失严重，损毁各类渔船225艘。

　　1967年10月3日至5日，12级强台风在象山附近沿海登陆北上，渔区损失严重，渔民死亡15人，损失各类渔船88艘。[1]

　　……

　　一次次海上历险，一次次生命的代价，使渔家人对作业安全十分关注，对大海无比敬畏。在传统社会，由于认识的局限，渔家人认为多变的自然现象是由上天神灵控制的，人一点也做不了主，正如当

[1]　余维新主编《象山县渔业志》，第623—627页，方志出版社，2008年。

地民谚所说:"三寸板里是娘房,三寸板外见阎王。""拘鱼当老大,做人阴阳界。一只脚踏在棺材里,一只脚踏在棺材外。""前面有强盗,后面有风暴,拘鱼肚难饱,养儿难防老。"船上的渔民经常处于危险之中,岸上的亲人也因此经常处于惊骇之中,可以说,旧时的象山人是在惊惧担忧中度日的。渔家人把每一次顺利返航、满载而归都归于神力所助,而每一次海难也归于鬼怪所为,对神鬼的敬仰、畏惧和对海洋劳作的祈福构成了渔民的主体心理定势。于是就有了渔民开洋节等一系列民俗活动,传承至今,沿袭成为传统。

二、神灵信仰因素

象山渔家人的神灵信仰是在独特的生产、生活环境中逐渐形成的。他们的信仰较为复杂,大多信仰佛教神灵和一系列民间信仰中的神灵。这是因为象山渔民的神灵信仰不仅受吴越文化的影响,而且受闽南文化和港台文化的渗透。但是,他们不像佛教、基督教、伊斯兰教等宗教信徒那样,皈依于一派寺庙的教主和教义,而是同时信奉好几类神灵菩萨。象山渔民的神灵信仰是象山地域文化中最具亮点和特色的海洋文化,大致有以下四种信奉对象:一是佛教神灵,诸如释迦牟尼、观音等;二是民间俗神,如天后(妈祖)、关公[1]、鱼师、平水大帝(大禹)、圆峰大帝、财神、土地神等;三是地

---

[1] 关公:渔民信仰神灵之一,渔民好义结金兰,共同抵御不测之祸。象山沿海渔乡有关圣庙40余座。

方神,如城隍、王将军[1]、天门都督、镇海侯[2]、冲应真人[3]等;四是渔业生产工具神,如船神(船龙爷、船菩萨)、网神等。象山渔家人祈求这些神灵在海上捕捞时确保渔业丰收和人、船平安,因此,象山渔家人的神灵信仰是以海洋和渔港为背景的神灵信仰,其体系也与内陆的神灵信仰有所不同。

象山渔家人最信奉的是天后妈祖,妈祖信仰在东门岛尤为盛行,推究起来这有两个原因。一是天后娘娘是由人成神,不像原始神灵那样虚幻,也不像佛那么高贵,她是渔家人的女儿、渔家人的神,她的身世、功绩和神迹都与渔民的生死存亡息息相关。在神灵体系中,她是最富有同情心和人情味的世俗神。二是天后妈祖信仰的诞生地虽在福建,但石浦渔港是闽南渔民的聚居地,随着闽南渔民大量移居石浦、东门等地,天后妈祖信仰自然而然也传入了象山。每当出海生产的渔民遇上可怕的大风浪等危险时,他们都会祈求天后妈祖的帮助,而在诚心的祈祷后,渔民往往便会渡过难关,因此,

[1] 王将军:名刚甫,象山人,祖籍福建。元至正年间,受命于兵起盗发之际,檄摄东门巡检司事。居六年,盗不犯,民安之,晚年受诬入京师,狱中卒,年六十八。众人感其德泽,在东门岛建王公庙,塑立像,颂为将军。

[2] 镇海侯:孔侯,象山童翁浦人,唐咸通年间卒于望海塘富郡里(今镇海),镇海镇将为其立祠、立庙祀之,称为"助海侯"。南宋建炎年间,宋高宗南下过该庙,赐号"显灵"。今木瓜村张陈庙供奉孔侯,原称为镇海侯庙。

[3] 冲应真人:又称陶真人,相传以羽扇约风,于海中救人,一舟七十人获救。南宋淳熙末年,王椿上其事于朝,赐封"冲应真人",成为象山海上守护神。

渔民相信这是天后妈祖在保护着他们。久而久之，象山的渔家人也形成了供奉天后妈祖的习惯，对天后妈祖的信仰也日益传播开来。渐渐地，天后妈祖就成了象山渔民出海生产的保护神。

象山渔民也信奉当地的地方神，如东门岛渔民供奉的地方神——王将军。他是东门岛独有的地方神灵，与中国绝大多数的民间神灵一样，生前是个凡人，因有恩于地方百姓，身后被当地民众追思崇奉为神灵。王将军原名王刚甫，曾为东门巡检司事，尊称王公。他神勇智谋，爱惜百姓，人有难处，不问利害，帮助解决，不图回报。晚年被人诬陷，死于狱中，终年六十八岁。众人感其德泽，在东门岛泗洲堂旁建起王公庙，塑立神像，颂为"将军"。

象山渔民出海时供奉的是船神，分为两种。一是船龙爷。船龙爷即船本身，渔民视船为"木龙"，后来受"万物有灵论"的影响，从对船的崇拜上升为船神信仰。二是船菩萨。旧时代象山渔船上供的船菩萨大多是从庙里请来的神灵令箭（三角令旗）或灵位，以天后娘娘、关公为主。现在大部分船上没有神龛，平时都以祭祀船龙爷为主。过去渔民的船神习俗，一为"设神龛"（少数），即打造新船时在船上设立神龛供神；二为"请"，即新船打造完工后或渔船开洋时，到庙里把船神请到船上，放到神龛中；三是"祭"，即船神上船后要用供品祭祀，在海上遇到难事时也要祭船神，请其庇护、保平安；四是"谢"，丰收了要感谢船神帮忙，用供品酬谢船神。

　　从古至今，象山渔区的绝大部分渔家人会去特定的或自己特别崇信的庙里，以自己熟悉的佛教法会、庙戏、祭祀等方式为主祀神灵庆诞，以保渔业生产的平安、丰收。除此之外，每当逢年过节或出海捕鱼、外出谋生、养育嫁娶乃至天灾人祸等重大事件发生，他们也会到各大庙宇去祭拜，并以还愿法会、还愿戏酬神。与海相伴、靠海为生的劳作方式深深地影响着象山人的生活信念和心理特征，也形成了渔区独具特色的风俗习惯。

虔诚拜忏（解亚萍　摄）

象山渔民开洋节的分布区域和活动场所

象山渔民开洋节是渔村群体意识形态下的民俗传统，产生在渔村，活跃在渔村。

象山渔民开洋节的分布区域和活动场所

　　象山渔民开洋节是象山沿海渔区群众在长期的海洋捕捞生产生活方式中产生、发展和传承的,是渔村群体意识形态下的民俗传统。

[壹]象山渔民开洋节的分布区域

一、不同时期的分布区域

　　历史上,渔民开洋节活动主要在象山沿海地区各乡镇的渔村开展,以东门、爵溪最为著名,其次为铜钿礁、沙塘湾、檀头山,现在则以东门岛尤为兴盛。不同时期开洋节的活动区域(渔村)统计如下。

　　1. 据民国《象山县志》记载,至今尚存的渔村[1]

序号	乡镇	渔村
1	石浦	延昌前、东关、横峙、铜钿礁、平岩
2	昌国	半边山、蛟龙、岳头、沙塘湾
3	东门	南汇、老东门
4	金星	雷公山
5	茅洋	白岩下、台头、文山、杨岙山

[1] 余维新主编《象山县渔业志》,第98页,方志出版社,2008年。

序号	乡镇	渔村
6	下沈	牌头
7	西周	文岙
8	珠溪	大闸门、乌屿山
9	爵溪	爵溪
10	旦门	松岙、园山头、王家溢、东旦、红岩、平石、拆船湾
11	东陈	岳头
12	南庄	会通、溪港
13	东溪	东溪
14	晓塘	胡家峙
15	檀头山	檀头山

2.1961年象山县渔业生产大队分布一览 [1]

序号	公社	渔业生产大队
1	石浦公社	渔山、东门一队、东门二队、东门三队、东门四队、胡礁湾、南汇、石浦、延昌、铜瓦门、沙塘湾、平岩、半边山
2	爵溪公社	爵渔一、爵渔二、爵渔三、爵渔四、爵渔五、爵渔六、爵渔七、爵渔八、公屿、地厂
3	旦门公社	双桥、松岙、拆船湾、平石、王家、王家溢、东旦、梅岭、乌岩、小湾

[1] 余维新主编《象山县渔业志》，第98页，方志出版社，2008年。

序号	公社	渔业生产大队
4	檀头山公社	檀一、檀二、檀三、檀四、檀五、檀六
5	岳浦公社	岳新、湾一、龙珠、利门、大沙、下湾
6	樊岙公社	杨柳坑、金七门、南田墩
7	高塘公社	杏港、高塘、金杏
8	番头公社	横峙
9	晓塘公社	坦塘
10	大塘公社	大塘
11	民主公社	毛湾、大岭后、大坦、峙岙
12	黄避岙公社	横里、马滩、兵营、白屿
13	涂茨公社	旭拱岙
14	珠溪公社	民丰、大闸门

3.1986年象山县渔村分布一览[1]

序号	乡镇	渔村
1	石浦镇	石浦、渔山、铜瓦门、沙塘湾、平岩、横峙
2	昌国乡	半边山
3	岳浦镇	后龙头、前龙头、岳浦、文沙、下湾、吉港

[1] 余维新主编《象山县渔业志》，第98—99页，方志出版社，2008年。

序号	乡镇	渔村
4	高塘岛乡	金交椅、兴港
5	樊岙乡	金七门、杨柳坑
6	东门乡	东大、东三、胡礁湾、南汇
7	檀头山乡	大王宫、双前、六股头、小沙、大沙、小宫后、长坑、东卫
8	晓塘乡	鹁鸪头
9	大塘乡	大塘
10	旦门乡	松岙、双桥、东湾、乌岩
11	爵溪乡	南韭山、公屿、地厂、爵溪
12	涂茨乡	旭拱桥
13	东港乡	大坦、长沙、大岭后、毛湾、屿岙
14	珠溪乡	民丰
15	黄避岙乡	横里、马滩

4.2004年象山县渔村分布一览[1]

序号	乡镇	渔村
1	石浦镇	东大、石浦、檀兴、金山、沙塘湾、铜瓦门、平岩、横峙、渔山、对面山（湖礁湾渔村、对面山、上布袋、下布袋）、东丰（东三渔村、东门农村）、南汇（南汇渔村、南汇农村）

[1] 余维新主编《象山县渔业志》，第99—100页，方志出版社，2008年。

序号	乡镇	渔村
2	鹤浦镇	鹤浦、杨柳坑、金七门、后龙头（后龙头、后龙头渔村）、吉港（吉港、吉港渔村）、前龙头（前龙头、前龙头渔村）、双下湾（双湾、下湾渔村）、大沙（大沙、文沙渔村）
3	高塘岛乡	金高椅、兴港、林港（港口、合利、仰天塘、文献）
4	东陈乡	松岙、双桥渔村、旦门（旦仁、旦义、大湾）、红岩(东湾渔村、乌岩渔村、王家、平石、小湾、默林)
5	晓塘乡	西边塘（鹁鸪头渔村、西边塘）
6	爵溪街道	南韭山、爵溪渔村、公屿、地厂
7	涂茨镇	长沙、屿岙、大坦
8	贤庠镇	民洋（民丰渔村、沿洋）
9	黄避岙乡	白屿（马滩渔村、白屿）、横里

二、重点区域（渔业乡镇、渔村）介绍

石浦镇　渔业重镇和古镇。地处东海之滨、象山半岛南端，东临大目洋、猫头洋。行政区域由镇本土和檀头山岛、东门岛、对面山岛、半招列岛、渔山列岛等众多岛屿组成，镇本土呈东北—西南走向，带状，陆上海岸线长108千米，全镇陆地面积121.1平方千米（含海岛面积19平方千米）。石浦镇以港扬名，北连舟山渔场，居大目洋、渔山、猫头洋各渔场的中心，历来是东海渔场的主要渔货交易地和商贾辐辏之地。唐神龙二年（706）已成村落，明洪武二十年

石浦渔港（沈颖俊　摄）

（1387）筑城，曾为抗倭之地、屯兵之所，遂成海防重镇，素有"浙洋中路重镇"之称。石浦镇具山海、港口之利，渔业经济发达，现为全国六大中心渔港之一，省二类开放口岸，拥有各类渔船（轮）1578艘，其中200马力以上外海钢质作业渔船1330艘。

　　爵溪街道　历史上的著名渔村。位于象山半岛

石浦渔港古城（沈颖俊　摄）

沿海中部偏北，面临大目洋，由大陆与海岛组成，南北长9.7千米，东西宽6千米，总面积31.8平方千米，其中内陆面积20.6平方千米，岛屿116个，面积11.2平方千米。昔为潮汐冲积之隅，因海底沙质，水浅礁多，海藻丛生，适合鱼类洄游繁殖和产卵，尤以大黄鱼为盛。宋时即有浅海捕捞作业，清时已蔚为渔埠，远近闻名。清光绪二十年（1894），爵溪拥有渔船200余艘，产鱼1万吨，民国二十四年（1935）有渔船180余艘。每逢鱼汛，来自舟山、宁海、三门、玉环、乐清、温岭、平阳及福建的渔船云集，多达8000余艘。在漫长的海洋捕捞作业发展过程中，爵溪人发明了独捞船作业。抗战期间渔业一度衰落，新中国成立后进行渔改、合作化，1952年改革独捞船，变春汛一

爵溪全景（爵溪文化站　供稿）

季生产为长年生产,海洋渔业逐步发展。20世纪60年代末,因渔业资源衰竭,半年捕鱼、半年卖鲞的爵溪人断了生路。他们另辟蹊径,发扬风里来浪里去的艰苦创业精神,兴办乡镇工业,逐步走上了工业化的道路。如今,爵溪以经济强镇之态屹立于象山半岛。

鹤浦镇 重要渔业乡镇。鹤浦镇位于东经121°9'、北纬29°2',主体为南田岛,位于象山县南部,北与石浦港相望,南、东南濒猫头洋,西隔蜊门港水道与高塘岛乡相邻。面积102平方千米,是宁波第一大岛,下辖34个行政村、4个居民区,常住人口3.5万人,外来人口近1万人。

鹤浦镇地处东海前哨,是宁波第二大渔镇,现有渔业人口近1万

鹤浦造船厂一角(周祖安 摄)

人，大马力钢质渔轮600多艘。2007年，海洋捕捞产值8.9亿元。全镇拥有19.5万亩浅海，海淡水养殖面积2.68万亩，盛产紫菜、梭子蟹、文蛤、对虾、蛏子等，被誉为"浙江省紫菜之乡"。梭子蟹养殖年产值达8000多万元。脱脂黄鱼、南田泥螺、带丝等海产品深受消费者青睐，其中脱脂黄鱼被评为浙江省优质农产品。

鹤浦镇濒临石浦港，具备发展临港工业的良好条件。全镇现有船舶修造企业13家，能制造5万吨级以下各类散货轮、集装箱船、成品油轮和化学品船。2007年，船舶企业实现产值10.5亿元。振宇、东红、博大等船厂全部通过了中国CCS认证及德国、法国、韩国船级社相关认证。

高塘岛乡　重要渔业乡镇。位于象山县最南端，主要由高塘岛和花岙岛二岛组成，东接鹤浦镇，南临猫头洋，西濒三门湾，北连石浦港，陆地面积52.8平方千米。全乡辖区18个行政村、1个居民区，人口2万余人。2005年有渔户2028户，拥有浅海滩涂2000公顷。

东陈乡　地处县城南郊，濒临东海。辖区总面积56平方千米，海岸线长18千米，辖20个行政村，人口2.1万人，海涂面积933公顷。

晓塘乡　三面环山，一面临海，东邻石浦港，南濒高塘岛乡，西接岳井洋，北连定塘镇。行政区域面积45.5平方千米，辖19个行政村，人口1.9万人。

涂茨镇　地处县城东北方向的象山港口，全镇下辖21个行政村，人口2.3万人，总面积62平方千米，海岸线长38千米，海涂面积833公顷，岛礁98个。

贤庠镇　位于县城最北端，北濒象山港，与宁波隔港相望，东临东海，距县城12.5千米。全镇总面积70.72平方千米，深水海岸线长12千米，浅海滩涂1667公顷。辖31个行政村（49个自然村），1个居委会，总户数9733户，人口29992人。

黄避岙乡　地处县境北部，距县城18千米，三面环海，地理条件优越，物产丰富。总面积43.6平方千米，海涂面积820公顷，浅海面积553公顷。辖55个自然村，设16个行政村，4628户，人口13736人。

东渔村　属石浦镇，位于象山县城南端，是东门岛上最大的渔

东门港（解亚萍　摄）

村。唐神龙二年（706）象山立县，东门是辖村之一。明设昌国卫城于此，历来为海防要地和渔业重镇，有"浙洋重镇起东门，犄角形成石浦村"之说。《汉书·地理志》、宋王应麟《四明七观》、《中国古今地名大辞典》等都有相关记载。两汉时，东门岛已被人们利用。据《东门岛志略》记载，古时东门岛与大陆相连，后来由于滨海地区地壳运动，其断块沉陷部分形成港湾，与石浦隔水相望。东门渔村就坐落在本岛的南部和西部，依山傍港，又面临东海大洋，周边港湾、岛屿甚多，渔业资源丰富，故岛上居民垦山耕作，下海捕鱼，以渔为业，世代绵延。据明嘉靖年间《象山县志》记载，随着航海造船业的发展，东门岛渔业逐渐从徒手捕捉发展到用舟楫在沿海作业，其时象山全县有渔户114户，其中东门岛占40户。清康熙二十三年（1684），海禁解除后，宁海、三门、台州、福建等地移民陆续迁居到东门岛，岛上人口大增。雍正年间，岛上渔民仿福建式样造大捕船，每年农历三月廿三或四月初八北上岱衢洋，采用大捕抛椗张网作业捕大黄鱼，称为"牁洋山"，至农历六月廿三前后，渔船才陆续返乡。当时岛上有大捕船80余艘，每船一水获利厚者可得二三百金，有渔谣云："东门大捕船，一网三万六，牁到早稻熟。"乾隆三年（1738），创立太和公所，为浙东地区最早的渔帮组织。民国初期有大捕船99艘，红旗小对船30余艘。此后战事连年，兵荒马乱，海匪横行，灾害频发，岛上渔业生产濒临崩溃，至1949年新中国成立前夕，只剩大

"浙江渔业第一村"牌坊（解亚萍　摄）

捕船24艘，红旗小对船16艘，舢板船30余只。[1]现在东渔村有渔户1210户，3806人，男劳力1558人，大马力钢质渔轮270余艘，是浙江省重点渔村，被誉为"浙江渔业第一村"。

[贰]象山渔民开洋节的活动场所

象山渔民开洋节是象山渔民的节日，主要以娱神、娱人为内容，以崇祀、演戏和民间艺术表演为载体，含有历史、宗教、民俗等诸多文化内容，活动场所以庙宇为主。当地渔民崇信多元的民间神灵，主要有天后娘娘、城隍老爷、王将军菩萨、鱼师大帝等，最早的活动大多在各村所有的庙宇中举行。自从各地建起天后宫（妈祖

[1] 余维新主编《象山县渔业志》，第109页，方志出版社，2008年。

庙、娘娘庙、天妃宫、圣母庙），大多数渔村把开洋节活动放在天后宫举办，也有在鱼师庙、王将军庙等庙宇举行的。

一、天后宫

天后宫主要供奉的是天后娘娘（妈祖娘娘、天妃娘娘、圣母娘娘），古代航海者尊其为海上保护神，县内沿海渔民称其为海神娘娘，沿海各地多处建有天后宫或娘娘庙。据旧志记载，象山境内原有20多座天后宫（天妃宫、妈祖庙、圣母庙、娘娘庙），现尚存12座，分布在渔村、海岛、航门水道。象北牛鼻水道、外干门港之屿岙、长沙、毛湾等地均建有天后宫（娘娘庙），其余主要分布在三门湾一带的石浦港地区。铜瓦门水道航门内有石浦、延昌、东关等3座天后

天后宫古戏台（解亚萍　摄）

贤庠镇

屿岙天后宫

韭山列岛

涂茨

长沙天后宫

黄避岙

毛湾天后娘娘宫

大徐

西周镇

丹城

爵溪

墙头

茅洋

东陈

泗洲头

新桥

蛟龙柴岙龙圣宫

延昌天后宫

延昌泉州会馆

石浦镇

东关天后宫

定塘

晓塘

东门岛天后宫

湖礁湾天后娘娘庙

对面山岛

檀头山

鹁鸪头天后宫

鹤浦

南田岛

高塘岛

珠门圣母娘娘庙

花岙岛

金漆门圣母宫

花岙圣母娘娘庙

象山县天后宫分布示意图

宫，东门门头水道航门两侧有东门岛、湖礁湾2处宫庙，在珠门及金漆门等水道航门均有宫庙。现存的12座天后宫分述于后。

东门岛天后宫　坐落在东门岛东南面官基山麓的老村道旁，坐北朝南，依山面海而筑。关于东门岛天后宫的创建年代众说纷纭，一说建于宋立东门寨时，一说建于元设东门巡检司时，也有说建于明洪武年间昌国卫迁东门时。考其所用石质构件形制，一般认为是清代以前之物，今门楼栋梁上有"大清嘉庆二十四年重修"题识。[1]宫址占地面积约2000平方米，建筑面积约1200平方米。庙为二进二横，逐步提升，建筑形式为穿斗与抬梁相结合。门楼五间，东西各一

东门岛天后宫（解亚萍　摄）

[1] 陈汉章总纂民国《象山县志》第十五卷，第839页，方志出版社，2004年重刊。

间为包檐房，中间三间设门廊，卷棚顶，均有雕饰，前设石阶九级，山门三洞，双扇厚板门，中门额枋上置朱金雕刻"天后宫"匾额。下有四门簪，书"圣母娘娘"四字。廊柱粗壮，复盆式柱顶石，高厚古拙，柱对楹联："生于庶民益于贫民恩披黎民，出于湄洲功于九州惠播神州。"其二为："岛以妈祖秀，一港澄明映日月；人因天妃福，万民款洽辉春秋。"入门为倒座门楼连戏台，台高1.95米，台顶藻井制作讲究，由八块弯板拼组而成，中镶嵌圆形铜盆以收音色，有"绕梁三匝有余音"之效。戏台筒瓦屋面，平缓舒展，翼角翔飞入云，显示东方艺术特色。瓦花漏脊，卷尾龙吻，中嵌火焰珠。下塑"三顾茅庐"人物形象。垂脊塑骑马武将，饯兽危坐。台前悬一联："一曲越剧唤醒今古奇观，两副面孔演尽悲欢离合。"大殿五开间，歇山顶、轩廊卷棚式。梁柱均有各种雕刻，凤凰、牡丹、狮子滚绣球及人物像，精致美观。殿额枋上悬有"灵昭海国"、"民不能忘"、"千秋遗迹"、"百世蒙庥"等匾额，为民国时乡人所赠献。殿前有"聪颖睿智贞身自强美德实至天，力效公益扶弱济贫人仪堪称后"和"胆略超凡平险消灾恩惠泽渔舟，知书达礼行善济世红光耀海洲"等楹联。中堂塑天后娘娘神像，头戴凤冠，身着金黄色绣花彩袄，神态庄严端丽。两旁塑有千里眼、顺风耳及顶风、平浪等神像。大殿屋面小青瓦，正脊卷尾双龙吻吐水，中镶火焰珠，下塑双鱼游海的吉祥图案，寓"年年有余"的良好祝愿。背阴作凤穿牡丹。顶五段式葫芦宝瓶，

天后宫大殿局部（蔡根云　摄）

垂脊端塑二武将。屋脊花墙前后书吉祥祝颂，前书"风调雨顺"，背书"合境平安"，充分表达农业社会"仓廪实而知礼节"的深意。

　　东门岛天后宫历史悠久，一直是岛上渔民的精神支柱。它一度借办为渔民子弟小学，20世纪80年代学校搬迁后，得岛上渔民鼎力相助，先后耗资80余万元，复其原貌。现在是宁波地区保存最完好、整修最精美的妈祖文化旧址。

　　石浦延昌天后宫　　位于石浦延昌前老街，清道光《象山县志》有记载。清嘉庆九年（1804），福州富户黄其鸣等人捐建。[1]其右海涂砌南北二道，以便行旅，勒石道旁。嘉庆二十五年（1820），庙宇竣

[1] 陈汉章总纂民国《象山县志》，第十五卷，第838—839页，方志出版社，2004年重刊。

延昌天后宫妈祖堂（蔡根云　摄）

重建的厢房（黄博　摄）

工。旁有三山会馆，为楼房八幢，称上八间、下八间。延昌天后宫背山面海，占地约2000平方米，建筑面积约1600平方米。殿宇巍峨，气象万千。戏台顶棚采用传统的藻井结构，层次丰富，雕工精致，具有良好的音响效果，为象山古戏台之最。殿侧厢房及后院住舍为二层楼房，殿、楼、台上下相间，错落有致，雕梁画栋，极尽富丽。

新中国成立后，庙宇改办为延昌小学，神像悉毁，山门、门楼及戏台被拆。改革开放后，当地村民多方筹资，重修宫庙，建水泥戏台一座，修妈祖堂三间，置圣母娘娘像一尊，侍立千里眼、顺风耳二神像，基本恢复原貌。2012年1月，延昌天后宫老年协会又牵头筹资100多万元，在原址重建三门和两厢房，目前已基本完工。

石浦东关天后宫　俗称东关庙。民国《象山县志》载："光绪十六年重修。"[1]在东关路廊北面海拔40米处的小山岗上。清时，东关山前泊满了从福建泉州、惠安、崇武等地来的渔舟和绿眉毛商船，许多福建人迁居于此，祭海神的习俗也随之传入，并建起东关天后宫。东关天后宫原是一座规模宏大、气势非凡的庙宇，占地三亩多，进山门为门楼、戏台、大殿、后殿及厢楼，三进两横，旁有观音阁及生活用房，宫前筑有照壁，历来远近闻名，香火鼎盛。民国十五年(1926)遭遇火灾，民众从大火中抢救出圣母娘娘雕像，运到天台国清寺。民国二十一年（1932）秋，国清寺方丈资助重建宫庙。

---

[1] 陈汉章总纂民国《象山县志》第十五卷，第839页，方志出版社，2004年重刊。

现大殿中堂石柱上书有"民国二十一年岁次壬申秋月吉旦"，石刻对联书："海不扬波纵无岸无边稳渡慈航于旦夕，民皆乐业应诚惶诚恐群歌母德最高深。"宫庙重建后，圣母娘娘雕像复立于大殿。后殿比前殿高出三尺，亦为七间，前后殿之间两侧各有两幢厢楼。后殿名为慧云庵，有观世音菩萨、弥勒佛等造像。前、后殿重建完毕后因资金不足停建，当事人又得病亡故，庙宇修复从此停工。后因战乱，一直未能复其原貌。现在所能看到的是前后两殿十四间和两旁厢楼四幢。

20世纪50年代至70年代，东关天后宫被用作石浦竹器生产合作社的办公用房及职工家属住宅。现在除前殿中堂复为"圣母殿"

东关天后宫中的天后娘娘神像（蔡根云　摄）

外，其余房屋仍为居民住宅。

南田岛金漆门渔村圣母宫　位于小南山嘴岗坡、金漆门水道口北，坐东朝西，临猫头洋。据民国《南田县志》记载，圣母宫建于清同治五年（1866）[1]，占地千余平方米，其中大殿三间，建筑面积63平方米。光绪十二年（1886）十月重修，梁上有"台州渔胞金贵庚等十六人捐银重修，飞龙光绪十二年菊月吉旦"、"信圣母宫，邦公建启"等文字可证。建宫时考虑到岗坡风力大，大殿为封闭式建筑，迄今保持原貌。殿南原有露天石戏台一座，在"文化大革命"中被拆。1999年2月，本村及附近村民集资重修，在南首扩建边屋两间，

金漆门圣母宫（蔡根云　摄）

[1] 民国《南田县志》第二十六卷，第64页，民国十九年（1930）。

山脚铺台阶213级至圣母宫。在"拜佛拜一世，不如门头佛拜一记"的传统观念影响下，这座建在金漆门水道门头边的圣母宫历来香火颇旺，民国时曾是三门湾渔会所在地。每年农历三月廿三前后，这里要做戏五至七天，来自三门、高塘、石浦、鹤浦的渔家人及信众多达千余人。

石浦湖礁湾天母宫　湖礁湾渔村在石浦东南3千米处，对面山岛东北角、对面山北麓，与东门岛灯塔隔港相望，最近处相距150米。清光绪元年（1875）建村。天母宫在湖礁湾村中央，坐北朝南。民国二十年（1931）《南田县政府年刊》载："在三山乡胡椒湾（今湖

湖礁湾天后娘娘（解亚萍　摄）

礁湾），光绪二十九年建。"[1]两侧墙上有张果老、兰采和、曹国舅、汉钟离、何仙姑、吕洞宾、韩湘子、铁拐李八仙人像图，中塑天后娘娘立像一尊，两旁塑千里眼、顺风耳及财神、土地神像。每年农历三月廿三天后娘娘寿日，七月半念太平佛，在庙前及村中路口放旱灯，点烛进香者甚多。

石浦昌国蛟龙村柴岙龙圣宫　昌国东北三四千米处，沿着岳头沙滩往东，有一座山势如蛟龙般逶迤的大湾山岗。其东南麓有一自然村叫柴岙，隶属蛟龙行政村。清乾隆年间，黎姓先祖从宁海迁入建村，初以砍柴为业，故称柴岙。现农渔兼营，村有码头，供渔船停靠避风。供奉天后娘娘的龙圣宫就坐落在柴岙村东头。

民间传说，清代末年，有村民在沙滩发现随潮漂来的天后娘娘木雕像一尊，遂捡回家供奉。有一天，村民做梦，梦见天后娘娘开口，自述她从福建来，若建庙祭之，定会保佑渔民出海风平浪静、捕鱼满舱而回。此事一经传扬，蛟龙、岳头等地村民纷纷相助造庙，名为龙圣宫，大殿五间，供奉天后娘娘，立其为海上保护神。在戏台横梁记有"戏台建于光绪十四年"等文字。"文化大革命"时龙圣宫遭拆毁，改建为小学。20世纪末学校合并后，村民集资，于1999年在旧址重修龙圣宫，恢复晚清建筑原貌。门楼连戏台，两旁厢房，五间大殿，建筑面积约120平方米，中间有小天井，约30平方米。庙为二进二

---

[1] 民国二十年《南田县政府年刊》，第176页。

昌国柴岙龙圣宫（蔡根云 摄）

横，左右对称，渐进递升。上大殿有石阶四级，大殿正中供奉的是天后娘娘木雕神像，东西两侧置平水大帝、张元帅、田元帅、小将军、土地、财神诸神像。正殿柱上有对联三副，由外及内分别是："人生忠气山河壮，千载精神日月光"；"山川结为衣冠气，南海莲花九品香"；"天后舍身救圣主，千年万载美名扬"。门楼戏台也有对联："玉笛飞声赤凤来，金铃对舞红莲拆。"

　　龙圣宫香火颇旺，周围的岳头、半边山、昌国、石浦等地渔民也来此点烛烧香。民间传说，天后娘娘十分灵验。一次，渔民们穿着笼裤在家闲居，天后娘娘要他们"出洋"，说是明后天潮水涨起，黄鱼拢群，在那有几根棒子插着的洋面处便是。渔民依言出海，果然黄鱼拢群，船舱装载不下。

晓塘鹁鸪头天后宫　鹁鸪头渔村天后宫依山面海而建。民国二十二年（1933）七月《南田县寺庙调查表》载：坦塘乡天后宫，光绪十三年造。"文化大革命"时被拆，20世纪80年代初村民集资重建。一间两弄，约40平方米，前有20平方米的小天井，庙前有旗杆。庙内正中供奉慈眉善目、凤冠霞帔的天后木雕神像，神像旁侍立宫女塑像两尊。其东侧供奉土地神像两尊，西侧有财神神像一尊，并立有千里眼和顺风耳两神像。村民对千里眼、顺风耳颇为敬畏，说是不要看这两尊神像形象狰狞，却能为渔民出海观气象、测风雨，保佑海上捕捞安全。

花岙岛圣母娘娘庙　花岙岛隶属高塘岛乡，坐落在高塘岛南面，历史上曾被多次封禁。清光绪元年（1875）开禁，杨姓先祖自温岭大溪迁此建村，现全村150户，金姓居多。农渔兼营，渔业从事近海捕捞和养殖。村民历来奉圣母娘娘为海上保护神，民国二十二年七月《南田县寺庙调查表》有载，宣统二年（1910）始建圣母娘娘庙，共三间，建筑面积约80平方米，坐西北、朝东南。庙中堂立圣母娘娘塑像一尊，侍立宫女像两尊，两侧塑有财神、土地、判官等神像，栋梁上有"民国戊午年三月立"等墨迹，悬挂有"水德参天"和"神威显赫"的匾额。每年三月廿三举行庆典演戏娱神，祈求圣母娘娘保佑全村老少平安，海上船只太平。

　　高塘岛珠门天后宫　坐落于珠门村西老爷山嘴石岩上海拔18米处，坐西北、朝东南。庙仅一间，约20平方米，大门上书"天母娘娘保佑"，楹联书"男男女女平安无恙，家家户户丁财两旺"，庙中佛

珠门天后宫（蔡根云　摄）

龛置天后娘娘塑像一尊，东首墙上悬挂"慈母关爱"锦旗一面。《南田县志》载："六都珠门，系古庙。"[1]渔民奉天后娘娘为保护神，每年农历三月廿三为寿诞，礼拜娘娘菩萨，备三牲福礼，祈祷捕鱼人太平无事。庙里香火旺盛，供奉者众。

涂茨毛湾天后娘娘宫　过去，毛湾村民大多以渔为业，奉天后娘娘为海上保护神，百余年前在猫湾嘴滩涂旁立祠塑像祭之。每当大风来临，渔船避风，泊于宫前。宫庙里香火旺盛，善男信女虔诚祈祷天后娘娘保佑，祷之无不应验。渔民感其显应，纷纷前来还愿，

毛湾天后宫（象山县文物办　供稿）

[1] 民国《南田县志》，第二十六卷，第64页，民国十九年(1930)。

致祭天后娘娘,送上锦旗、匾额无数。宫庙虽只一间,但远近闻名,每年天后寿辰和五月初五端午节,来宫朝拜者络绎不绝,宫里烛火通明,香烟缭绕。

2000年8月,因猫湾嘴围筑海塘,村民商议,迁宫庙至村东上马石旁。现有宫庙三间,砖木结构,约60平方米,前为水泥天井,约50平方米,外砌围墙,设大门两扇。东首一间置天后娘娘坐像一尊,侍立千里眼、顺风耳神像;西首两间为出资建庙者倪惠凤夫妇的生活用房。近年来,因海洋渔业资源濒临衰竭,毛湾人转产改业,从渔人数逐年递减。但乡人祭祀妈祖习俗未变,逢年过节皆来天后娘娘宫点烛上香,祈求降福。

涂茨长沙天后宫 位于涂茨镇东北6千米处,长沙渔村南面八亩地海滩旁。宫西有一南北狭长沙滩,宫东长山嘴头有渔业码头。清乾隆年间,李、忻两姓分别从钱仓、鄞县迁入建村。全村70余户,靠海为生,以渔为业。海涛汹涌,命在旦夕,渔民供奉天后娘娘为海上保护神,世代相传成习。

现长沙天后宫仅一间,约30平方米,前面天井40平方米。宫坐西北、朝东南,宫前及西侧筑有砖砌围墙。庙门朝北,上书"天后宫"三字,两侧对联云"娘娘发慈滴泪育鱼养灾民,亲居后宫施发金银保太平"。旁立碑云:"明洪武娘娘,为人贤淑而闻名于后世。"天后宫在1966年被拆毁,1989年农历2月26日重建,8月1日被台风吹毁,

长沙天后宫天后娘娘神像（象山县文物办　供稿）

2001年农历4月17日重建。宫庙内塑有天后娘娘菩萨一尊，佛龛前对联云："贵座圣宫心慈万民眼观八方，妙手显灵神方救生信者庆安。"前置香炉一座。

涂茨屿岙天后宫　涂茨镇北部有屿岙，屿岙东面即是牛鼻山水道，"皆蕃舶闽船之所经"。相传清代时有不少福建船只靠埠于此，为祈祷海神妈祖庇护，福建人出资，在老道头旁海拔30米处的山坳建天后宫一座。船只出海与进港均要致祭娘娘菩萨，宫内香火旺盛。1956年"八一"台风时被毁，福建人闻讯，慷慨捐资修复。近年，村民又出资重修。天后宫依山面海，坐北朝南，正屋三间，西侧偏屋一间，皆砖混结构，建筑面积约90平方米，前有天井60余平方米。庙下有一岩井，井水清澈甘甜，冬暖夏凉。宫中塑立天后神像，面容慈祥庄严。两旁有财神、土地诸神像，东首墙上悬挂船模一艘。

二、鱼师庙

象山境内的鱼师庙有三处，其中石浦港边的二湾头鱼师庙最有特色，以鱼骨为栋梁，堪称一绝。据道光县志载，鱼师庙在石浦二湾头，一名鱼司庙。每岁三月初三，海鱼次第至庙门外水港，昂首向庙扬鳍鼓鬣，未几，摇尾而去。[1] 海豚朝拜的地方也成为渔人祭祀的地方，鱼师庙由此而建。庙内塑鱼师菩萨夫妇（也称鱼师大帝）像，虽建筑面积不大，但香火极旺，每当鱼汛，渔家人纷纷前往祭拜，祈求出海时一帆风顺，满载而归。20世纪70年代初，石浦港开辟沿港马路，建三省一市招待所，占用庙址，因此旧庙已不复存在。改革开放后，渔家人复建一座小庙。近年来，民间筹集资金重建具有一定规模的鱼师庙，目前正在建设中。

有学者认为，鱼师信仰与海豚的季节性洄游路线有关。每年农历三四月间，海豚从铜瓦门口游进石浦港，呈S形上下起伏游动，忽而昂起头部，忽而露出背尾，"扬鳍鼓鬣"而进。20世纪70年代初，岸上的行人还可见到海豚进港时的壮观场面。海豚群游进港内，这本是一个很正常的自然现象，尔后海豚前来朝拜的不再是一块空地，

[1] 陈汉章总纂《象山县志》，第十五卷，第839页，方志出版社，2004年重刊。

而是渔家人所建的鱼师庙，鱼师的"神气"也就越来越旺。渔家人尊奉海豚为海中的神灵，每当此时，他们急忙取出早已备妥的香烛，有条不紊地点香烛、放鞭炮，向进港的海豚朝拜，愿渔船出海时能得到它们的庇护保佑。身临其境，颇有庄严肃穆之感。近20年来，进出渔港的都是一艘艘大马力钢质渔轮，港水变得混浊，海豚群游的景象不再出现。

由于象山沿海海神信仰的普遍性，各地的天后宫（天妃宫、妈祖庙、娘娘庙、圣母庙等）就成了渔民开洋节首选的活动场所。

建设中的鱼师禅寺（解亚萍　摄）

象山渔民开洋节的历史沿革

象山渔民开洋节历经时代更迭，延续至今已有一千多年历史。它的形式和内容随时代的发展而有所嬗变，以满足广大渔民群众的需求。

象山渔民开洋节的历史沿革

象山渔民开洋节历经时代更迭，之所以能延续至今，主要是因为它的形式和内容与广大渔民群众的需求紧密相关，并随时代的发展而有所嬗变。

[壹]传统社会的象山渔民开洋节

象山渔民开洋活动源于古代渔、商对海神的崇拜和祭祀。我国的海神祭祀最早发生在秦代。《史记·封禅书》载：秦并六国，于雍地即有四海，风伯雨师，填星之属，百有余庙。汉宣帝元年，诏以四时祀江海洛水，祈为天下丰年。唐时制定了岁祭四海制度，宋、元乃沿唐制，以四立日(立春、立夏、立秋、立冬)祭四海神。明清时期，帝王对海神的祭祀仪礼有加，还赐匾赏银，广修庙宇。以上都属官祭，被载入正史。在历史的进程中，官祭之风逐渐传入民间，形成了具有浓郁地方色彩的民间祭祀活动，尽管没有载入正史，但在地方史志里仍然可以找到民间祭祀海神的历史遗迹。

最早的关于象山海神祭祀的记载有清乾隆三十一年（1766）倪象占所著《蓬山清话》，其文引宋乾道五年（1169）张津等著的《四明图经》："祚圣庙，旧称东门庙，在县内一百里，按《图经》旧载其神号天门都督,未详事迹。……唐贞观(627~649)中,有会稽人金林,数往台州买贩,每经过庙下祈祷,牲礼如法,获利数倍。尝因祭毕解舟十余里,欻然暴风吹舟复回,不得前进,舟人恐甚,谓必有忤于神,果误持胙物而云,乃还致庙中,更加祈谢,即得便风,安流而济。永徽(650~655)中,又有越州工人蔡藏往泉州造佛像,获数百缗,归经此庙,祀祷少懈,舟发数里,遂遭覆溺,所得咸失,而舟人仅免焉。"[1]祚圣庙乃唐贞观时建,宋建炎四年(1130),高宗赵构赐"祚圣庙"匾,为象山唐代古庙之一,[2]可见唐代象山东门渔、商就有祭祀海神之习俗。《蓬山清话》载:"天后宫,在石浦城南门外,又一在南田外,大约海裔皆祀之。……洪武初,海运风作,飘泊粮艘数百于落漈,万人号泣天妃,则风回舟转,遂济直沽。封昭应德正灵应孚济天妃娘娘之号。自后海舟显圣不一,四方受恩之人,遂各立庙,故今在处有之也。"[3]反映了象山渔民在明朝至清乾隆年间的祭祀海神妈祖天妃的情况。乾隆年间,象山钱沃臣著《蓬岛樵歌》,其诗十三云:"抹额垂红衫著绯,天门荒后崇天妃。文章信亦关司命,

---

[1] 倪象占著《蓬山清话》点校本,卷十一,第139页,中华书局,2001年。《宋元四明志象山县志汇辑》第5页。陈汉章总纂民国《象山县志》,第十五卷,第806页,方志出版社,2004年重刊。丁爵连主编《象山东门岛志略》,第369—370页,内部刊行,2000年。

[2] 陈汉章总纂民国《象山县志》,第十五卷,第806页,方志出版社,2004年重刊。丁爵连主编《象山东门岛志略》第370页,内部刊行,2000年。

[3] 陈汉章总纂民国《象山县志》,第十五卷,第838页,方志出版社,2004年重刊。

南阁星辉映紫微。"[1]诗引唐《二仪实录》典故："禹娶涂山夕，雷电中有甲卒千人，无甲者红绢抹额，云海神来朝。始皇至海上，有神来朝，皆抹额绯衫大口袴侍卫，后为军容。"[2]清时，象山渔民、海上商帮崇祀海神天妃，海神塑像冠上皆抹红绢。明谢肇淛《五杂俎》云："天妃，海神也。谓之妃者，其功德可以配天云耳。"[3]司马光曰："水，阴类。其神当为女子。"象山沿海渔村多建有天妃宫、娘娘宫，祭祀海神天妃已成为明清时期的普遍现象。

请上船的三角令箭（解亚萍　摄）

[1] 钱沃臣著《蓬岛樵歌》点校本，中华书局，2001版首编283页。

[2] 唐袁郊著《二仪实录》。

[3] 明谢肇淛著《五杂俎》，亦作《五杂组》，是一部著名的笔记著作。

　　旧时，象山捕大黄鱼汛称"㧢洋山"。据南宋宝庆年间（1225～1227）编纂的《四明志》记载："邑人捕食大黄鱼盛况：三四月，业海人每以潮汛竞往采之，曰洋山鱼。"[1]明代顾炎武著《天下郡国利病书》："盖淡水门在渔场南隅，石浦港北铜头山与牛栏基岛所夹之水道也，产黄鱼之渊薮，每岁孟夏潮水势急，则推鱼之深，渔船出洋捞取……以大小木船为万计……"《广志绎》（王士性著）也载："捕鱼分为三水，获利厚者可得二三百金。"[2]可见象山"㧢洋山"最早见于南宋，明清以来渐盛。渔民出洋捕鱼要祈祷海上神灵保佑。《象山东门岛志略》载："渔船出海谓'开洋'，鱼汛结束称'谢洋'。旧时，'出洋'[3]前，船头祭神，烧化纸牒，称'行文书'，祭后投杯酒、肉食于海，谓'酬游魂'，谢洋再祭，叫'散福'。"[4]象山爵溪原来是一个渔村，据《爵溪镇志》记载，新船造好下水，有"推新船"习俗，举行新船祭。"众后生闻讯赶来，围在船旁，待大潮汛潮位达到最高前推船，不付报酬，但可抢馒头。老大在船上敲响铜锣，推船开始。锣声急促，众后生齐心协力，按着号子，或用棍橇，或用手推，热闹非常。在群力推动下，船体慢慢在涂有海泥的两条滑板上移动，靠近港边，坡度陡增，新船自行下滑，此时欢呼声鹊起，船上抛出馒

[1] 余维新主编《象山县渔业志》，第167页，方志出版社，2008年。

[2] 余维新主编《象山县渔业志》，第168页，方志出版社，2008年。

[3] 出洋：即出海捕鱼。

[4] 丁爵连主编《象山东门岛志略》，第390—391页，内部刊行，2000年。

笔者在采访老渔民任青山(李双 摄)

头……网进船时,用铜锣敲响节奏,网尾最后进船舷,弟兄们齐声高
呼:旺、旺、旺……装毕,船老大摆上猪头、酒、糕饼等供品,拜祭海
龙王,祈求开仓,洋山旺发。礼毕,聚餐,曰'吃神福'。"[1]2006年采
访石浦东门渔村老渔民奚阿宝(当时77岁,现已亡故)、称乾初(当时
69岁,现已亡故)、吴富清(当时66岁)、陈祖禄(当时63岁)、周宗明
(当时63岁)、吕通伟(当时62岁)等老人时,他们回忆:年轻时听老
辈人讲,早年渔船较小,渔民出海时经常会遇到怪物、怪事、大风大
浪,发生船翻人亡的事故。于是,渔民会带着供品到海边祭祀神灵。
最初不叫开洋祭,而叫祭海、祭神,后来慢慢形成了多种形式的祭祀

[1] 林志龙主编《爵溪镇志》,第216—217页,中国书籍出版社,1997年。

活动,有的到海边祭大海、祭龙王,也有的到庙里祭神灵,还有的在船上祭船龙。另据东门岛老渔民任青山(现年81岁)、陈良生(现年81岁)、陈友木(现年78岁)等老人回忆:听老辈人讲,清雍正年间到建国初期,渔民开洋节是当时渔村一年中的盛事,是象山沿海地区渔村颇为流行的民间风俗。

据《象山县渔业志》和《象山东门岛志略》记载,清雍正年间,东门岛渔民开始仿照福建船式样,打造大捕船。每年农历三月廿三或闰年四月初八,北上舟山岱衢洋一带洋面,采用大捕抛桩张网作业,捕"洋山"黄鱼。[1]大黄鱼汛期从立夏开始(农历三月下旬或闰年四月初),渔民全家到舟山定居几个月。这个季节是一年中捕鱼的黄金季节,与年成的好坏有着直接的关系,也直接关系到一家人的生活。旧时,由于生产工具落后,渔民在大自然面前不能主宰自己的命运,只能求菩萨保佑出海平安、渔业丰收,于是逐步形成了出洋前祈求神灵保护、鱼汛结束返乡后"谢洋"的习俗。"开洋"、"谢洋"已成为当时渔民祈求海洋和感恩海洋的重要活动。

[贰]新中国成立后的象山渔民开洋节

据老渔民郑全木(现年85岁)、冯永基(现年79岁)、龚世财(现年75岁)等人回忆,从1951年到改革开放初期(1982年),渔村的开洋

---

[1] 丁爵连主编《象山东门岛志略》,第100页,内部刊行,2000年;余维新主编《象山县渔业志》,第168页,方志出版社,2008年。

活动都是各船私下搞的，以祭祀为主。渔船上洋山（北上舟山岱衢洋花鸟北渔场捕大黄鱼）前，船老大（如老大是党员，就由船里的其他人代理）买些供品到菩萨或神像前去祭祀，如果渔村里没有菩萨或神像，他们只好在船上请一请船龙爷。1951年前后开展"解放思想、破除迷信"运动，渔村里大小庙宇中的菩萨、神像被捣毁，很多庙宇成为学校或另作他用。有的渔村群众将菩萨、神像偷出来，藏到山上的小庙里或别人找不到的地方，渔民出海时便偷偷带上供品去祭拜。"文化大革命"时期，象山各地破"四旧"，部分渔村群众把藏在家里的菩萨或神像转移到别处，上洋山时偷偷前去祭祀。

　　1984年以后，渔区部分渔村的开洋祭祀活动从个体的"地下"祭祀逐渐转为统一、公开的祭祀仪式，活动内容以出海前祭祀神灵为

到庙里敬香的渔家夫妇（朱永林　摄）

主，也有请戏班子演戏的。
20世纪90年代初，渔区实
行渔业（渔船）股份合作制
后，渔民纷纷自筹资金造大
船，闯大海。由于捕捞设备
日益先进，出海捕鱼不再像
以前那样受到鱼汛的制约，
随时随地可以扬帆起航，且
每次出海的时间一般在十
天半月左右。在这样的情况

船老大祭拜天后娘娘（何幼松　摄）

下，渔民仍按时（每年的农历三月廿三）到庙里举行开洋祭祀仪式。
这一是因为渔区群众的传统观念已根深蒂固，普遍认为渔业生产的
丰收离不开神灵菩萨的庇佑；二是追忆旧时集体开洋的热闹场面。随
着渔业生产的迅速发展，渔民收入大幅提高，纷纷捐钱修建村里的
庙宇。有了庙宇，渔民开洋节活动也就逐渐恢复了传统的形式。

　　象山县石浦镇东门岛的开洋节恢复得比较早，1984年农历三月
廿三天后娘娘诞辰，当地举办开洋节，内容有法会、祭祀仪式和做
庙戏等。进入21世纪后，随着海洋经济的迅速发展，象山的海洋旅
游业也逐渐兴起。为宣传东门岛的渔俗风情，提高东门岛的知名度，
发展当地的海洋旅游业，2003年初，退休教师丁爵连提议举行大型

2003年谢洋巡游民间表演队伍（何幼松　摄）

的东门岛开洋节活动。这一建议得到当时天后宫负责人韩素莲及一批热心人的积极响应，也得到了村委会的大力支持，筹备工作顺利进行。由于当年的"非典"疫情，活动推迟到农历六月廿三的

2003年谢洋戏（解亚萍　摄）

谢洋日，举行了大型的"谢洋妈祖赛会"。这次活动在继承传统的基础上，赋予了谢洋节新的文化内涵。除传统的法会、祭祀仪式、演戏外，还增加了踩街、妈祖金身上船绕石浦港、东门岛巡游一周等内容。随着休渔期的开始，渔民在谢洋的原始理念中加入新的含义，那就是告别大海一段时间，让大海有休

2003年谢洋节海上巡游船队（解亚萍　摄）

参加2003年谢洋巡游的民间表演队（解亚萍　摄）

养生息的时间，而不是一味的感谢和祈求给予。"谢洋妈祖赛会"为新时代的象山渔民开洋节开了一个好头，引起了很多媒体的关注，产生了一定的社会影响力。从2007年开始，当地政府和文化部门对该渔俗活动进行了保护性开发，丰富其文化内涵，提升了渔民开洋、谢洋活动的档次，使之成为特色鲜明的品牌文化活动。

1995年开始，东海渔区实行伏季休渔制度，渔民在休渔期结

束、再次开船出海时，要举行祭祀、祈祷、送别等开洋仪式，这是象
山渔家人世世代代相传的习俗，也是独具魅力的渔家文化。1998年
适逢"国际海洋年"，象山县委、县政府决定顺应民意、发掘传统，
在休渔结束的那一天举行盛大的开渔仪式，欢送渔民开船出海。这
就是著名的象山"中国开渔节"，它将传统的、自发的开洋仪式上升
为一个海洋文化的盛大典礼，集文化、旅游、经贸活动于一体，具有

祭海全景图（县局文广科　供稿）

丰富的文化内涵和鲜明的渔乡特色。

在传承习俗的基础上，中国开渔节又增加了体现当代渔民精神风貌和社会文化特色的内容。它以祭海、放海（放鱼苗入海）、开船、妈祖巡安等仪式表达政府和社会各界对出海平安、满载而归的良好祝愿，引导广大渔民热爱海洋，保护和合理开发海洋资源。自1998年以来，每年的9月14日至16日，象山都要举办"中国开渔节"，

到2012年已举办了15届。"中国开渔节"于2005年列选中国节庆50强、中国旅游节庆市场游客满意十佳品牌，2006年列选中国十大自然生态类节庆、中国十大最具潜力节庆，2007年列选中国十大品牌节庆，在人民网"2008年最受关注地方节庆"评选活动中名列首位，在首届"节庆中华奖"评选中荣获最佳节庆组织奖。"中国开渔节"打响了象山的品牌，象山的知名度不断提升，象山的海洋文化和渔文化得到了弘扬。

"中国开渔节"上渔民敬香（郁祖心　摄）

千舟竞发（郁祖心　摄）

妈祖巡安夜（沈颖俊　摄）

象山渔民开洋节的基本内容

象山渔民开洋节是渔船出海时渔民祈求平安、丰收的民俗活动，是渔民的精神寄托形式，主要有娱神、娱人两大板块，以祭祀为核心，以民间文艺表演为主轴，含有历史、宗教、生产、民俗等诸多文化内容。

象山渔民开洋节的基本内容

　　渔民开洋节是渔船出海时渔民祈求平安和丰收的民俗活动，是渔民的精神寄托形式，主要有娱神、娱人两大板块，以祭祀为核心，以民间文艺表演为主轴，含有历史、宗教、生产、民俗等诸多文化内容。

　　随着时代的发展，象山渔民开洋节的内容构成也发生了一些变化，这里主要介绍传统社会（1949年以前）和目前（2003年以来）渔民开洋节的主要构成。列表如下：

时间	内容	活动时间（农历）
传统社会	法会	三月十八后
	开洋祭祀仪式	三月廿至三月廿三上午
	请神上船	三月廿至三月廿三上午
	庙戏	三月廿三下午
目前	法会	三月十八左右
	庙戏	三月廿二或三月廿三
	开洋典礼	三月廿三上午
	开洋巡游	三月廿三下午

[壹]传统社会象山渔民开洋节的基本内容

一、法会

　　旧时，象山渔区在开洋时都要举行大型法会，目的是祈求神灵、菩萨庇护，让广大渔民及一切众生消除一切违缘，永具一切顺缘；保佑渔民出海平安、丰收；感谢神灵和菩萨的恩泽，保渔区平安吉祥。同时，通过瑜伽焰口回向于受苦众生，以祈佛慈接引，法力提携。同尝法味，同得解脱，亡者蒙佛接引，神超极乐之天，存者沐法威力，身享康宁之福。举行法会的时间长短通常根据信众所捐功德款的多少商定，有一天的，也有两天、三天的。法会所念经文一般都是《消灾延寿药师宝忏》、《大乘金刚般若宝忏》、《瑜伽焰口》等。

开洋法会（解亚萍　摄）

以下以《大乘金刚般若宝忏》为例,简述法会内容及仪规:

内容 炉香赞,南无本师释迦牟尼佛(三称),开经偈,经文,佛号,忏悔文,回向赞,三皈依,回向。

简要仪规 炉香赞;净身业真言,净口业真言,净意业真言,安土地真言,普供养真言;奉请八金刚;奉请四菩萨;发愿文;开经偈;《金刚经》;《金刚经》咒;补缺真言和补缺圆满真言;金刚赞;回向文(忏悔文、回向赞、三皈依、回向)。

二、开洋祭祀仪式

"开洋"的祭祀时间一般在农历三月十五至三月廿三之间(闰年在四月初一至初八),必须是早上涨潮时,希望财源随潮滚滚而来。主祭人一般都是长元(船主)或老大,要在前一天剃好头,并在晚上用红糖水洗澡,第二天穿上新衣(或干净的衣服),与老大、伙计一起到庙宇里祭拜菩萨。首先,在大殿前天井东西两侧各放八仙桌一张,供上猪、羊,供天地神祇。然后,在大殿中堂放八仙桌两张,摆上用红漆桶盘装的肉、鱼、蛋、豆腐、面等五大盘供品,也有六大盘乃至八大盘的,再供上红色小祭盘装的五果、点心及三茶两米。吉时到,主祭人点上一对大红蜡烛,倒上十二杯老酒,上香跪拜,并向神灵虔诚祈祷,祈求神灵保佑,出海一帆风顺,平平安安,捕鱼丰收。有的会向神灵许愿,内容多种多样,有塑菩萨、修庙宇,也有造桥、铺路、做庙戏等。酒过三巡,主祭人跪拜三次,接着船上众伙计跪拜，等一炷香将燃尽时，烧上经（念过经文的纸钱、纸牒），祭祀仪式结束。

三、请神上船

祭祀仪式结束后，长元或老大双手捧红漆大桶盘，桶盘里放上供品，中间放木雕（或泥塑）菩萨一尊，也有的在神明前求得三角小旗令箭一支或香火袋一个，以代神像，插在四角香袋上；有的两旁还放顺风耳、千里眼神像；菩萨前插红烛一双、香三支。出大殿时，由船上二肩（大副）撑一顶黑色布伞护着，三肩(舱面负责人)提灯笼在前面引路，后面跟着手持香的伙计，恭恭敬敬地把菩萨请上渔船，放在船圣堂神龛内（初时船上没有神龛，便把菩萨放在大捕船的大梁头橹后面比较干净的地方），礼拜后退出，把引路的灯笼挂在船头，以驱邪保平安。三月廿三趁良辰吉日、顺风顺水，渔船出海。这天船头红旗招展，船埠人头攒动，送行人群如潮，锣鼓声、鞭炮声震耳欲聋。在开船号声中，渔船扬帆出海。

四、庙戏

庙戏是指在开洋节期间，渔村庙宇戏台上演出的各类戏剧。每当渔船出海捕鱼（有时是为了还愿），渔村长元（船主、高产船老大）都要请戏班子来庙中演戏。

庙戏从农历三月廿三下午开始，日夜连台，剧团通常是从新昌、嵊县、台州、临海等地请来的，也有本地的剧团。戏一般演五到十天

（视筹资多少而定），剧种有越剧、平剧、绍兴高调等。在戏班开演前，要派一支小乐队和两位渔民到村里各大庙宇恭请诸菩萨前来看戏：由一人手捧大红桶盘，供上清香三支，把代表各庙菩萨的令箭（三角小红旗）插到四角香袋上，另外一人打伞撑在大红桶盘上面，恭恭敬敬地把菩萨请到庙里来。等各庙菩萨到齐，放鞭炮三声，开始演出"庆寿戏"（首场戏开始前的固定程式）。"庆寿戏"一般分为《八仙寿》和《天官寿》两种，前者角色有王母、八仙、童男、童女，至少要有11人；后者角色有天官和仙女，至少要16人。在面积不大的戏台上，两支演出队伍已经显得十分热闹。"庆寿戏"是庙戏中具有

庆寿戏（解亚萍　摄）

庆寿戏东方小仙上场（陈朝晖 摄）

明显祭祀形态的戏曲样式。台上台下祭祀、娱乐同时展开，整个场景似演戏又不似演戏，是庄严的祭祀，却又有欢笑的戏文情景。"庆寿戏"上演时，长元要给演出人员分红包，红包的多少由长元自主决定。"庆寿戏"结束，正式演出开始，剧目通常为《桃园三结义》、《薛仁贵征东》、《杨文广樵山取宝》、《穆桂英大战洪州城》等国戏，还有《薛平贵回窑》、《姐妹抢状元》、《女驸马》、《五女拜寿》等家戏。天后宫演戏有禁忌，不能演《狸猫换太子》。

庙戏期间，村民们纷纷邀请亲朋好友前来相聚，一时间宾朋盈门，庙里更是人山人海，挤得水泄不通，村里到处充满欢乐祥和的气氛。

[贰]目前象山渔民开洋节的基本内容

一、开洋法会（以2008年石浦镇东门岛开洋法会为例，谢洋法会也基本相同）

开洋法会一般安排在开洋典礼前五至八天内进行，其具体时

"圣珓"（解亚萍 摄）

"阳珓"（解亚萍 摄）

"阴珓"（解亚萍 摄）

间、所念经文都必须按照神灵的"旨意"来安排，即天后宫的当手人[1]在神灵前"抛珓杯"。"珓杯"又称"杯珓"、"丢挂"，通常用两片小型的牛角样竹根制作。在选择举行法会的具体时间时，当手人会在天后娘娘面前询问："我们准备在某日做法会为你庆诞，举行开洋典礼，你觉得这个时间好不好？"丢下一正一反为圣珓，表示娘娘同意；皆为正面是阳珓，皆为反面是阴珓，则表示娘娘不同意，需继续换时间"询问"，直到珓杯一正一反为止。按照当时"抛珓杯"

[1] 当手人：负责人，这是当地人常用的称谓。

的结果，2008年天后诞辰开洋法会仪式定在农历三月十八日8时至21时30分进行，所念经文为《消灾延寿药师宝忏》、《大乘金刚般若宝忏》和《瑜伽焰口》。法会仪式具体程序如下。[1]

三月十八日上午：

程序	主题	仪式内容	备注
开忏	消灾延寿药师宝忏	法师敲磬并拜三拜开忏	
		杨枝净水赞	香灯师发放檀香给信众，信众在妈祖娘娘前上香
		南无大悲观世音菩萨	
		大悲咒	
		十小咒	
		心经	
		摩诃般若波罗蜜多	
		观音赞	
		回向偈：以此严净功德　回向护法龙天……普愿法界冤亲　共入昆仑性海	
		炉香赞	

---

[1] 以下内容参考文君的硕士学位论文《东门岛妈祖诞辰信仰仪式音声研究》第21—23页。

程序	主题	仪式内容	备注
诵忏文		经书开卷《消灾延寿药师宝忏》	
		大殿内佛前大供 炉香赞	1.香灯师发给信众每人一支香，信众在妈祖娘娘前上香，此环节有时可省略，决定权在香灯师 2.香灯师开始在大殿妈祖娘娘前供佛斋五菜一饭
		南无灵山会上佛菩萨	
		续佛前大供（南无常住十方佛 南无常住十方法……）	
		南无大乘常住三宝	香灯师在妈祖娘娘前供饭并开路，然后发给在场信众每人一支檀香，信众上香
		维那宣疏、通名单	
		续佛前大供（天厨妙供……南无禅悦藏菩萨摩诃萨摩诃般若波罗蜜）	烧疏文、名单
		续佛前大供（即：三德六位供佛及僧法界有情普同供食……）	上午法会结束

三月十八日下午:

程序	主题	仪式内容	备注
诵忏文	大乘金刚般若宝忏	经书开卷《大乘金刚般若宝忏》	
		心经 接:断疑生信。绝相超宗。顿忘人法界真空。般若味重重。四句融通。福（寿、德）普昌隆。南无金刚会上佛菩萨	
		愿以此功德　普及于一切　我等与众生　皆共成佛道	
		南无东方净琉璃世界消灾延寿药师佛	
		南无消灾延寿药师佛	信众随法师一起绕佛三圈，众唱"南无消灾延寿药师佛"数声后归位，并在妈祖娘娘前烧金元宝
		药师灌顶真言	
		接(佛光注照　本命元辰　灾星退度福星临　九曜保长生　运限和平　福寿永康宁　愿消三障诸烦恼　愿得智慧真明了　普愿罪障悉消除　世世常行菩萨道)	
		回向偈:圆满功德	
		三皈依	

三月十八日夜：

程序	主题	仪式内容	备注
请圣、坛前上供	吉祥焰口	炉香赞	中间法师起腔
		法师持文说法（消灾教主紫金光……二十八宿保安康）	
		南无无量寿佛	法师、信众持香到面然大士坛前
		面然大士[1]赞	持小木鱼的法师起腔，法师、信众上香
		唱赞（天厨妙供……南无禅悦藏菩萨摩诃萨摩诃般若波罗蜜）	法师、信众上香
		南无阿弥陀佛	法师、信众到一孤魂台上香
		南无阿弥陀佛	法师、信众到另一孤魂台上香
		南无阿弥陀佛	
		准提神咒	法师、信众到厨房给灶神菩萨上香
		南无阿弥陀佛	法师、信众到地桌孤魂台上香，念四生六道满恒沙……超度孤魂脱苦丘，后念南无阿弥陀佛，归位大殿
		道场成就（开始拜瑜伽焰口）	中间法师起腔
		杨枝净水赞	由小木鱼法师起腔，法师、信众上香
		法师说文	中间金刚法师独念

[1] 面然大士：瑜伽施食法门中鬼王的代表，也是佛经中救苦救难的观音菩萨的化身。"面然"在印度语中音为"乌尤"，为佛教密宗瑜伽部主尊之一。

程序	主题	仪式内容	备注
拜座、登座、施食		幽冥教主本尊地藏王菩萨	持小木鱼法师起腔，法师向里、向外拜，后上金刚台
		瑜伽焰口施食要集（⋯⋯观世音菩萨慈悲摄受）	
		南无大乘常住三宝	
		宣疏、通名单	持木鱼的法师完成
		续瑜伽焰口施食要集	
法会圆满		回向偈：施食功德	法师走下金刚台
		三皈依	法会圆满结束

俗信以为，法会的主要目的一是为自己去灾消难，确保出海生产平平安安，二是超度鬼魂，保渔村太平。据当地渔村信众介绍，放吉祥焰口是开洋法会仪式中必不可少的佛事，其他经文则可根据信

开洋法会现场（解亚萍 摄）

施焰口（解亚萍　摄）

众的意愿自由选择。

二、庙戏

做开洋戏是东门岛的传统，2003年后的具体形式与旧时基本相同，只是演出的剧目不断改变，基本上每年不一样，剧种以越剧为主。岛上渔民大多偏爱越剧，会从三门、台州、宁海及本县请越剧班子前来演出。演出的时间一般选择在开洋典礼的前一两天，至少要演三天三夜。剧目的选择通常是双向达成协议，即剧团负责人介绍与推荐剧目，并综合岛上村民的意愿而定。开演前，派两位村民到村里的王将军庙、城隍庙、东门庙等各大庙宇恭请诸菩萨来看戏，各庙"菩萨"都请到，放三声鞭炮，以一出《八仙寿》或《天官寿》作为

"庆寿戏"，拉开庙戏的序幕。

2001年开洋庙戏是邀请台州市金山越剧团来演出的，演出剧目有《泗洲城》、《三姐下凡》、《庄子劈棺》、《火云洞》、《杨文广樵山取宝》、《下河东》、《虹桥赠珠》、《三皇爷》、《沙滩救

请各庙菩萨到天后宫看戏（解亚萍　摄）

主》、《二堂放子》、《哀哀琼公泪》、《南北和》等。

2005年开洋庙戏是邀请宁海越剧三团来演出的，演出剧目有《金殿拒婚》、《天道正义》、《血怨恩仇》、《灰阑记》等。

2006年开洋庙戏是邀请象山高塘越剧团来演出的，演出剧目有《打金枝》、《三状元》、《女驸马》、《巴山奇缘》等。

2007年开洋庙戏是邀请奉化市实验越剧团来演出的，演出剧目有《花墙会》、《状元和乞丐》、《火烧于洪》、《通天岭》、《天道正义》等。

2008年开洋庙戏是邀请台州市金山越剧团来演出的，演出剧目有《孟丽君》、《君妃恨》、《水漫金山》、《太平桥》、《王老虎抢

亲》、《双枪陆文龙》、《珍珠塔》、《金钗记》、《赐皇袍》、《望子成龙》等。

2009年开洋庙戏是邀请象山小百花越剧团来演出的，演出剧目有《红丝错》、《富春令》、《冤雪龙泉井》、《巡按训子》、《康王告状》、《送花楼会》、《五女拜寿》、《花亭会》等。

2010年开洋庙戏是邀请象山红双祥越剧团来演出的，演出剧目有《王老虎抢亲》、《绣球缘》、《劈山救母》、《血溅洞房》、《玉姑峰》、《凤冠梦》、《花中君子》、《血怨恩仇》等。

2011年开洋庙戏是邀请象山雨辰越剧团来演出的，演出剧目有《鲤鱼跳龙门》、《哑女告状》、《巡按训子》、《包公斩杨子平》、《三星送宝》、《两国封王》等，共演三天三夜。

2012年开洋庙戏是邀请象山小百花越剧团来演出的，演出剧目有《绣球缘》、《夜明珠》、《冤雪龙泉井》、《劈山救母》、《鸳鸯泪》、《红丝错》、《包公告状》、《望子成龙》等，共演五天五夜。

三、开洋典礼

东门岛天后诞辰开洋庆典举行的时间是农历三月廿三，即妈祖诞辰日。典礼主要由天后宫当手人韩素莲主持组织，资金来源有岛上村民、企业的资助及政府文化部门、村委会的赞助，还有法会的结余。这几年开洋典礼的规模并不亚于官方举办的庆典活动，它是东门岛渔家人自己的节日庆典。

开洋典礼在东门岛天后宫内举行,由岛上渔民当司仪,在司仪的主持下完成上供品、读祭文、祭拜等相关程序。

四、开洋巡游

东门岛开洋节巡游在三月廿三下午举行。届时,岛上渔民老大抬着天后娘娘神像,按照既定路线巡游东门岛各街巷及石浦沿港马路,民间文艺表演队跟随其后,形成一支浩浩荡荡的迎神赛会队伍。整个开洋巡游活动在民间歌舞的衬托下十分喜庆、壮观。

以下以2009年象山渔民开洋节个案为例,详述其全过程。

(一)节前准备

(1)活动经费筹集

根据预算,此次活动需经费50000多元,包括法会费用、庙戏费用、外请民间表演团队的费用、供品以及庙宇的布置费用等。经费一般在活动前的一个月左右设法筹集,大致分三块。一是村里筹款。当手人韩素莲在确定要举行2009年开洋节活动后,把活动构想向两个村委会(东渔村和东丰村)作具体汇报,希望他们补助或筹集活动经费。经过多次协商,东渔村村委会筹得28732元,东丰村出资3000元。二是渔船、企业、个人捐款。企业和渔船都是每家1000元,村民和信众10元、20元、50元、100元不等,共筹得功德钱22130元。三是还愿戏钱。村民丁伟明认捐还愿戏钱6000元。至此,总共

筹集到活动经费59862元。活动结束后，各负责人结算开支，把明细账抄在红纸上，在东渔村大楼张榜公布。

（2）物品准备

供品、香烛的购买和装盘　供品和香烛是开洋节必不可少的物品，准备起来也相当繁琐。供品是不能一次性购买的，至少要分三次，分别是在法会、庙戏和开洋典礼的前一天（肉、豆腐等则要当天购买）。其次，供品的清洗、烧煮、装盘等也很费人力。例如，为了使供品看上去美观，人们把莲子、红枣、小糖、花生、桂圆等五果串起来，盘成宝塔状装在红祭盘上，确实需要花费不少时间。

疏文填写　法会疏文的填写相当耗时，韩素莲需要将所有捐资者（700多人）的姓名、年龄、家庭住址等一人一份填好。三月十八上午法会南无大乘常住三宝仪式后，宣读疏文、通报名单，然后在佛前大供焚化。

法会及开洋聚餐小菜的购买　参与购买的陈菊清说："农历三月十八法会这天，阿拉六点半就要到东门菜场去把法师吃的菜和晚上放焰口要用的菜都买来、洗干净。中午，在天后宫厨房，给法师们煮好中饭，八盆素菜。下午三点半左右，就要开始准备法师的夜饭和晚上放焰口的羹饭菜。法师的夜饭也是素菜八盆，放焰口的羹饭菜要分成好几盘，大的孤魂台每桌两盘，每盘拼装七样素菜，小的一盘，放在天后宫门口，是小孩孤魂台。普利十方灵位桌放在面然大师坛下方，各样素菜要分碗装，需要九碗。这些工作在放焰口前都要准备好。"又说，"开洋聚餐小菜的购买比较麻烦，需要分好几次到隔港的石浦去买。开洋节早一日，先要到石浦把那些不易坏的米线、粉丝、鸡蛋、蒜苗等买好。开洋节这日，阿拉又要很早到石浦去买齐其余的小菜。"

开洋节这天，一共准备了十二桌菜肴，以招待外来的专家、领导及协助举办开洋节活动的相关部门人员。

（3）民间表演队伍的邀请、开洋典礼有关人员的落实

除法会仪式的法师由天后宫主持联系外，其余人员都是由韩素莲和东渔、东丰两个渔村村委会协调落实的。其中联系戏班子，邀请民间表演团队，典礼的司仪，敬三茶两米、五果人员，这些由韩素莲联系落实；上供品、上香、点蜡烛、敬酒船老大，巡游活动的举牌及旗帜、抬神轿、抬香炉、鸣炮等人员，由村委会负责落实。当年总共邀请了九支民间表演队伍，分别是石浦镇镜架山村龙灯队、石浦延昌宋皇庙十八将队、鹤浦镇女子龙舟队、石浦镇延昌文体活动中心马灯队、石浦镇延昌文体活动中心鱼灯队、定塘镇中站村车灯队、石浦宋皇宫十二生肖队、石浦宋皇宫抬阁二镜、石浦海滨腰鼓队等。开洋节前一个星期，形成书面的开洋典礼及巡游秩序册，发给相关负责人员，让他们了解和熟悉整个活动的过程，使活动能够顺利进行。

（4）场地的清理和布置

在开洋典礼前两天，庙里的护法和信众要对场地进行清理，把无关的物品搬离现场，并用清水冲洗，在大殿内挂上四盏大红灯笼，神像前摆上鲜花或塑料花，使场地整洁美观。同时，在庙内的戏台两侧分别挂上一排串式红灯笼，在庙门口挂上"东门渔民开洋妈祖赛会"横幅，在大殿前挂上"2009年东门岛开洋典礼"横匾，营造节日气氛。

（二）开洋节的程序和内容

（1）开洋法会

开洋法会安排在开洋典礼前的农历三月十八进行。俗信以为，这个时间是按照天后娘娘的"旨意"选择的，具体做法是在天后娘娘神灵前"抛筊杯"。按照当时"抛筊杯"的结果， 2009年天后诞辰开洋法会仪式定在农历三月十八7时至21时进行，所念经文为《消灾延寿药师宝忏》、《大乘金刚般若宝忏》、《瑜伽焰口》三种。

法会参与者 2009年开洋法会一共请来八位法师，分别是东门岛天后宫住持释演良、东门岛王将军庙住持释妙智、东门岛王将军庙释妙松、东门岛王将军庙释妙中、东门岛王清庵释演宏、东门岛城隍庙住持释了清、东门岛城隍庙释悟海、东门岛门头庙住持释乘开，还有一位是从象山衍庆寺请来的释延惠法师。法会参与者还有岛上自愿参加的信众，他们大都会念经文，熟悉法会的整套程序，必要时也参加拜佛、点香、烧经等仪规。东门岛开洋法会仪式的仪规及经腔与汉传佛教法会的仪规、经腔大同小异。

庙内现场布置　2009年开洋法会现场安排在天后宫内,白天拜忏念诵经文的现场布局与晚上瑜伽焰口的现场布置有很大的区别,现分别描述如下。

① 农历三月十八日白天拜忏现场布置

佛桌:设在大殿正中天后娘娘神像的前方,上面摆放有文牒、信众自念的经文等。

供桌:设在佛桌的前方,摆放供品用。当天桌上摆放的供品有两份:供天后娘娘的是荤的,有肉、黄鱼、红蛋、长寿面、豆腐各一盘,酒一壶;供观世音菩萨的是素的,有苹果、橘子、香蕉、桂圆、花生各一盘,糖一盘,纸元宝两盘,另有香烛等。

香桌:设在供品桌前方,用以放置牌位等。当天桌上摆有牌位(红纸黑字,盖有黄印,牌位上写有"敬　守忏童子　南无忏摩海会佛菩萨之莲座　奉护法神位")、一尊小型观世音菩萨(前放水果供品)、檀香,最前方挂有"戒定真香"条幅。

摆放经文桌:该桌是为开洋法会仪式的举行而临时摆放的,设在大殿内香桌的正前方一排,八位法师从右到左依次站在桌前,正对着天后娘娘诵经。桌上放有各法师的法器和经文。

信众折纸锭桌:分别放置在摆放经文桌的两旁,一边一张,信众围坐在桌前,边念诵"阿弥陀经"边折纸锭。

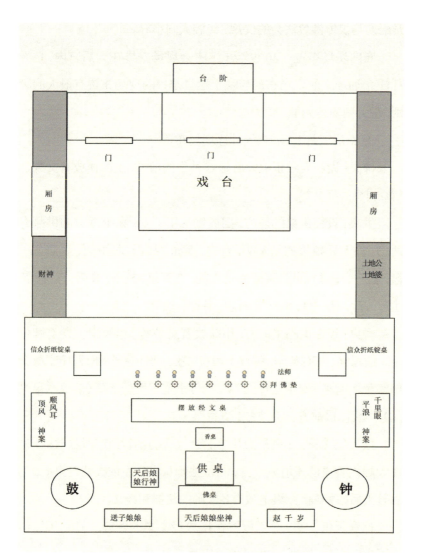

2009年东门岛天后宫开洋法会布局示意图（白天）

拜佛垫：为法师及信众拜佛而准备，放置在经文桌的前面。

② 农历三月十八日晚上开洋法会瑜伽焰口仪式现场布置

瑜伽焰口的现场布置要复杂得多，天后宫的殿内、殿外、门口等处都有涉及，分述如下。

殿内

佛桌：同白天。

供桌：同白天。

香桌：设在金刚上师所坐经文桌的正前方，香桌上的物品与白天相同。

摆放经文桌：瑜伽焰口摆放经文桌的位置很有讲究，视情况用桌子围成长方形，法师分别坐在桌前，桌子均用黄布覆盖。正对着天后娘娘的摆放经文桌最高，三位金刚上师坐在高台上，以示地位重要，中间为主法，左边为副法，右边为正法。三位金刚上师的经文桌上放有观世音菩萨一尊（据说应是地藏王菩萨，因天后宫没有，只能用观世音菩萨代替）、檀香、米、金刚杵等。其他法师法座分设两侧，其中位于左侧负责敲木鱼的法师为主行，与他同坐一侧的法师负责敲击铃子；位于右侧负责敲引磬的法师为邦照，与他同坐一侧的法师负责敲击铛子，在敲击铛子法师右前方是敲击铃鼓的法师。

信众折纸锭桌：同白天。

拜佛垫：方位同白天，只是信众跪拜的位置有所改变，放到香桌前面了。

殿外

面然大士坛：位于金刚上师摆放经文桌的正前方，用桌子架高，上立有牌位，写着"面然大士焰口鬼王之莲座"。桌上摆有糖果、香烛等。其正下方还设有一张桌子，上面摆有茶水、羹饭（七碗素菜、一碗饭）、香烛，一牌位写有"祭祀各氏门中历代祖先昭穆宗亲过去父母师长亲朋等灵位，普利十方法界四生六道八难三途陈之将水陆河沙大地一切孤魂等灵，奉，宿世冤衍债主不识名姓男公女太儒人并一切横死孤魂等灵"。

孤魂台：有三个，两个位于面然大士坛正面的左右两侧，桌上摆有茶水、羹饭、香烛等；另一孤魂台则位于天后宫大门的左侧，位置较低，是专供小孩孤魂的。[1]

当天下午，很多人陆续持供品到天后宫来祭拜。浙象渔30054号渔船老大的妻子柯赛娟说："农历三月十八是祭神的好日子，加上今日庙里又在做法会，各位神灵都下来了，我们抲鱼人家里的人都要来天后宫祭拜神灵，祈求神灵保佑阿拉抲鱼人出海平安，多抲点鱼。"她摆放好供品，倒上祭酒，点上蜡烛，上香时一边拜一边念道："娘娘太[2]哦！保佑阿拉家里人人红光满面，福星来临，鸿运高照，财源

---

[1] 以上内容参考文君的硕士学位论文《东门岛妈祖诞辰信仰仪式音声研究》第19—20页。

[2] 太：即天后娘娘。

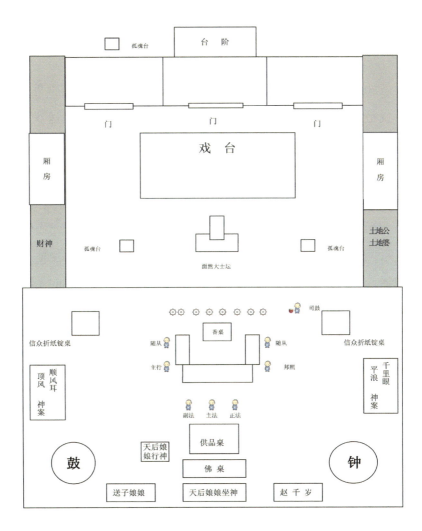

2009年东门岛天后宫开洋法会布局示意图（晚上）

滚滚,抲鱼抲得前舱满后舱满,舱舱满,鬖鬖满,一网打来堆满船,一帆风顺,满载而归哦!"

（2）开洋戏

2009年开洋戏做了四天四夜,地点在天后宫的戏台。其中两天两夜是象山县文化广电新闻出版局安排象山小百花越剧团送戏下乡,另外两天两夜是用开洋节经费开支的,其中一场是还愿戏。观众为岛上渔民群众及其亲友,不售门票,人人可进,一般可容纳300人,通常是下午一场、晚上一场,下午演两个半小时,晚上演三小时。

三月廿二上午,村民们早早搬着自家的凳子到天后宫去"占位子",用绳子把一条条凳子、椅子绑在一起。在大殿神案前的空地及两侧,大殿的台阶至殿院天井空地上,密密麻麻排满了家用的长板凳、靠背竹椅。大约在演出前半小时,人们纷纷赶来,以老人、妇女居多,也不乏中青年。由于庙堂太小,很多人只能站着观看,大殿内外挤满了人。

开洋戏开演前,由两位村民到村里的王将军庙、城隍庙、东门庙等庙宇恭请诸菩萨来看戏。等各庙"菩萨"到齐,放鞭炮三声,以一出《天官庆寿》拉开开洋庙戏的序幕。《天官庆寿》至少要用到十六个演员,分别是四仙姑(宫女)、四功曹（天将）、四仙官（南极仙翁、文昌帝君、进宝财神、送子娘娘）、天官、金童、玉女、东方小仙。开场后,南极仙翁、文昌帝君、进宝财神、送子娘娘先后由金童

天宫敬酒（陈朝晖　摄）

玉女导引，粉墨登场，说白道贺。小花脸的东方小仙最后上场，背着挂满红色果子的"蟠桃树"匆匆上台，向观众作揖致歉，他的表演总是会博得全场观众的一阵哄笑。然后，全体演员排成一行，鸣锣开道，走下戏台举行祭祀仪式。先绕大殿一周，至大殿正中天后娘娘神像前，虔诚地焚香膜拜。金童玉女上前敬酒，天官敬酒并诵祝词："祈求天后娘娘，保佑全岛村民四季太平、五谷丰登、六畜兴旺；保佑年老之人福如东海，寿比南山；保佑年少之人聪明伶俐、岁岁平安；保佑做生意之人生意兴隆通四海，财源滚滚达三江；保佑拘

观众抢仙桃（陈朝晖　摄）

鱼之人空船出去，满船进来，扪鱼扪着聚宝盆，扪来黄鱼变黄金，扪来带鱼变白银；保佑全岛人口太平，村民生活好像芝麻开花节节高。"祭拜完毕，演员们又在鼓乐中返回戏台，表演"蟠桃戏"。此时此刻，台上台下人声鼎沸，东方小仙正欲往台下送去"蟠桃"时，台下欢呼雀跃，争先恐后，大声嚷嚷："给我! 给我! "最后，东方小仙把整株"蟠桃树"送给观众，大家笑逐颜开，你争我抢。庙外鞭炮声响起，天后宫内成了欢乐的海洋。直到正式剧目《红丝错》开始，场内才安静下来。

在家家有电视的今天，庙戏还没有失去旧时的光彩。渔家人不仅仅是为了看戏，在这种既娱神又娱人的文化空间里，他们一方面可以感受人与神的情感交融，满足内心深处的需求，另一方面也可以加强人与人之间的交流，营造邻里和谐氛围。

（3）护寿

三月廿二晚上，韩素莲带领信众为天后娘娘护寿。据韩素莲介绍："在天后娘娘诞辰的头天晚上，各路神灵都会来给娘娘贺寿，大家可以根据自己的需要，向各路神灵祈求，求财、求姻缘、求福禄、看病都可以。"岛上信众认为，为天后娘娘护寿也是给自己添福添寿。庙戏结束后，很多信众留在天后宫为天后娘娘护寿，他们围坐在几张桌子旁，一边折纸元宝（用于第二天的开洋典礼），一边念经文（阿弥陀佛、药师咒、心经等），还时不时地站起身来为神灵添香。他们说："这一晚所有神灵都和我们一起为天后娘娘护寿，所以各位神灵前的香是不能灭的，灭了神灵就回去了，这表示我们没有诚意哦。"护寿在第二天的清晨五点钟结束，信众在所有神灵前再上一遍香，才离去。

（4）渔户祭拜

①庙里祭拜

渔户祭拜（解亚萍 摄）

开洋节是东门岛一年中的盛事，家家户户都要到天后宫来祭拜。据韩素莲说："从农历三月初八开始，阿拉岛上的㧅鱼人屋里[1]就会陆续到天后宫请娘娘太。东门有三百多只大马力钢质渔轮，大部分渔船在开洋节前都要到天后宫来请娘娘太。开洋节这日祭拜的人群达到高峰，从起早一点钟就有人来祭拜，五点到开洋

[1] 㧅鱼人屋里：即渔家。

典礼前人最多，三户五户一起祭拜，排着队上供，整个大殿放满供桌。各户上供的供品盘数也不一样，有五盘的，也有八盘的，多的有十盘或十二盘。供品各色各样，有荤的、素的，也有水果、干果。荤的是鱼、肉、蛋、鸡、鱼胶等，素的是豆腐、长寿面、年糕、油豆腐、木耳、黄花菜等，水果以时令水果为主，干果是红枣、荔枝、核桃、莲子、栗子等。祭拜的人都是女性，这是阿拉东门岛的一大特色，各户祭拜都是家里的主妇。来的人有扪鱼人老女[1]一个人来的，有的是阿婆带新妇[2]，娘带着囡，也有叔伯母、姑娘嫂[3]一起来的。整个大殿都是香烟，人挤得满满的。"

②船上祭拜（拜船龙）

岛上渔户除了在庙里祭拜神灵外，还要在开船前到船上去祭拜船龙。拜船龙是与开洋连在一起的，在传统社会，拜船龙的时间一般都在每水洋[4]出海这天上午的涨潮时分。现在虽然渔民已经知道海上突起的风暴是常见的自然现象，但在一望无际的洋面上，他们对海的敬畏丝毫不减当年，因此每次出海之前，还是要按旧例拜一拜船龙，以求心理的安慰。

---

[1] 扪鱼人老女：即捕鱼人的妻子。

[2] 阿婆：即婆婆。新妇：即媳妇。

[3] 叔伯母：即妯娌。姑娘嫂：即姑嫂。

[4] 水洋：一水洋是半个月，一个月分两个大水、两个小水，一个大水、一个小水为一水洋。

　　2009年4月17日（农历三月廿二，开洋节的前一天）上午9时半左右，停泊在东门港中的浙象渔31039号和浙象渔31040号渔船的船主和伙计都在做开船前的准备工作，另有两位老人正在渔船的舱板上摆放供品。韩素莲说："阿拉东门人都是由船主的爹娘、老婆等家人请[1]船龙的，船主一般不参加。"又说，"东门扪鱼人请船龙不是停在港中请的，大多都靠在船埠头，也有由于开船时间紧，一边开船一边由烧饭人[2]请的。"说话间，两艘船上的供品、供酒和红烛都已摆好了，供品一共五盘，分别是肉、蛋、馒头、黄鱼和豆腐。第一排摆放两支大红蜡烛（每支蜡烛上都有"大吉大利、四季发财"字样），第二排摆放五碗黄酒（渔民吃饭的大碗），第三排摆放蛋（左）和馒头（右），第四排摆放肉，第五排摆放黄鱼（左）和豆腐（右）。[3]上供的顺序也有讲究，要先摆放供品，再放酒杯，倒上黄酒，然后点上大红蜡烛，最后点香忏拜。这次拜船龙的两位老人是船主吕建波的父亲吕云青和母亲孙丽琴，孙丽琴点上三支平安香（香上有"阖家平安、恭喜发财、财源广进"等字），一边拜一边说："船龙公公哦，保佑阿拉每风[4]出去扪鱼，扪得前舱满，后舱满，舱舱满，一帆风顺，

---

[1] 请：祭拜。

[2] 烧饭人：船上煮饭的船员。

[3] 摆放顺序是从祭拜人所在的正前方算起，祭拜人面朝船头方向，也有的朝驾驶台方向。

[4] 每风：每次。

满载而归哦！"拜上三拜，把香插在蜡烛中间的舱板缝隙中，再把念好经文的牒和纸元宝拿出来放好，纸元宝装在红祭盘中，放在蜡烛右边，牒就直接放在蜡烛左边的舱板上，用酒碗压住角。她介绍说："纸元宝念的是白衣神咒，牒念的是太平经、玉皇经、三官经、财神经。除了每风开船前请船龙，抲鱼

船主的母亲在忏念（解亚萍　摄）

洒酒（解亚萍　摄）

结束时节、过年时节，阿拉村里家家户户都要上船请船龙、放鞭炮，东门埠头多少热闹哦！"

过了十来分钟，孙丽琴又上前去忏拜。当香烧了一半多的时候，她又上前拜了拜，把纸元宝、牒放在一个铁桶里，开始烧经。烧完经，她又拜了拜，捧起一碗酒，从驾驶台下面的舱板洒起，绕船洒上一周，一边洒一边反复忏念："船龙公公哦，保佑阿拉出海顺风顺水，平平安安，鱼扪得前舱满，后舱满，舱舱满，鬓鬓满，一流顺风，满载而归哦！"最后一碗洒在渔网上，然后收起供品，拜船龙过程就此结束。韩素莲介绍说："把酒洒在船上和网中是给船龙敬酒，它喝了会保佑出海多扪鱼，鱼多进网。"

（5）开洋典礼

农历三月廿三早上7时，天后宫大殿内人头攒动，香烟缭绕。人们有的在祭拜，有的往供桌上摆放供品，有的点烛，有的上香，有的则拎着供品在旁边等候。7时30分后，岛上的

船老大点大红蜡烛（解亚萍　摄）

老渔民敬香（陈朝晖　摄）

参祭人员陆续到来，做各自的准备工作。抬猪羊的渔民老大把装在大红扛箱里的全猪、全羊抬到庙内戏台后面；捧供品的渔民老大和渔姑渔嫂们把供品捧到戏台西侧的预放处，并作了分工；老渔民们穿上传统的渔民服饰，拿上长香，坐在大殿西侧等候。

8时55分许，东门妈祖文化研究联谊会会长、东渔村书记张德兴宣布："2009年东门岛天后诞辰开洋典礼开始。"

在天后宫门口放三组礼炮后，8时58分，司仪上大殿主持典礼仪程：

涨八辰光[1]吉时既到，祭祀天后典礼开始（乐队奏乐）；

---

[1]　涨八辰光：潮水涨到八分高的时候。当地渔民认为这是祭祀的好时辰。

船老大敬酒（陈朝晖　摄）

渔姑渔嫂烧经（潘琼　摄）

天后宫当手人韩素莲在忏拜（陈朝晖　摄）

献五果（解亚萍　摄）

供奉猪、羊（由四名青年渔民抬上全猪、全羊，放于大殿前天井内两张八仙桌上，乐队奏乐）；

点烛，上天香（由两名渔民在天井烛台点上红蜡烛，两名渔民在天井香炉点上天香，乐队奏乐）；

祭天后娘娘，上供品（肉、鸡、红蛋、寿面、黄鱼、豆腐、年糕、寿桃等八大盘，由八名年轻老大捧上，乐队奏乐）；

敬五果（莲子、红枣、小糖、花生、桂圆，由五名村姑渔妇捧上，乐队奏乐）；

献上黄酒、点心、三茶二米（点心有蛋糕、甜包子、红豆团、状元糕、和气团等，由八名村姑渔妇捧上，两名敬酒的船老大同时跟上，乐队奏乐）；

点大红蜡烛，上香（大红蜡烛由四名老大捧上大殿点上，大香由三名老渔民点上，乐队奏乐）；

村长周全球恭读祭文："维公元二〇〇九年农历三月廿三，时值天后娘娘诞辰吉日，浙江省象山县石浦东门岛父老乡亲，于官基山麓天后宫，敬献果品美酒，祭颂天后。

"古岛东门，历史悠久，祖祖辈辈，靠海为生，以渔为业，举国知名。邑人深知，海兴我兴。政府立法，休渔开渔，渔区尊奉。

"今日隆重祭祀天后娘娘，举行开洋典礼，祈告沧海，潮遂人愿，满载而归，人海共荣，丰产安康，再创辉煌。

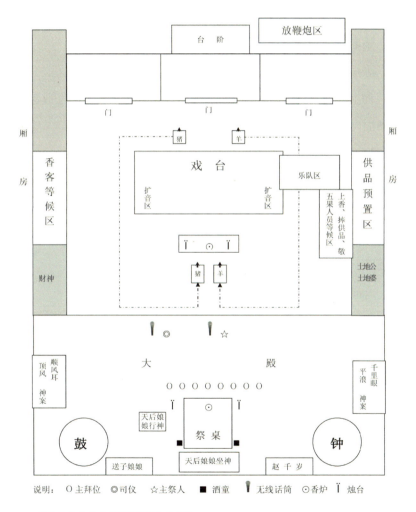

说明：○ 主拜位　◎ 司仪　☆ 主祭人　■ 酒童　⏐ 无线话筒　⊙ 香炉　⏐ 烛台

2009年东门岛天后宫开洋典礼布局示意图

"幸哉, 尚飨!"

太平盛世一敬酒(由两名船老大在供桌两旁敬酒);

请老渔民敬天地神祇, 一叩拜, 二叩拜, 三叩拜;

天后娘娘保佑二敬酒;

岛上各老大、伙计叩拜(参加捧供品、点蜡烛、上香的渔船老大及参加典礼的渔民上大殿叩拜), 一叩拜, 二叩拜, 三叩拜;

渔村祥和、平安丰收加满酒;

乡亲父老、善男信女敬香, 合手躬拜(参加典礼的村民、信众分别上大殿祭拜, 乐队奏乐);

如仪礼毕, 烧经(渔姑渔嫂从供桌上捧下纸牒、纸元宝到烧经炉前跪下, 烧纸牒、纸元宝, 烧完站起拜三拜后离开)。

开洋典礼在上午10时20分结束。

(6)开洋节聚餐

中午11时, 开洋聚餐在天后宫进行, 共有十二桌, 吃的是石浦特色餐——食饼筒[1]。这天的菜肴有荤有素, 如姜炒肉丝、鱿鱼丝炒芹菜、鸡蛋丝、蒜苗炒肉丝、清蒸鲵鱼、炒鱼肉饼丝、炒香干丝、炒萝卜丝、油焖菜干、炒米线、炒粉丝、炒茭白丝等。

[1] 食饼筒: 制作者根据自己的口味、喜好, 煮、炒十来盘鱼、肉、蛋等菜肴(所有的材料都要切成丝状, 以便包裹食饼筒), 菜肴上桌后, 取一张食饼皮(直径25至30厘米薄薄的面皮)摊在桌子上, 将各样菜肴放在食饼皮上, 然后卷成筒状食之。

据当地老人回忆，过去的开洋节聚餐有时全都是素菜，有时荤素搭配，桌数最多时有100多桌。每年聚餐的地点也不是固定的，有时放在天后宫，有时放在王将军庙，有时放在村里办酒场[1]。厨师以外请为主，桌数多时要请好几个厨师和帮厨，岛上的信众也会去帮忙。开洋节期间，很多村民借此机会邀请亲朋好友来岛上参加活动，观看庙戏，像过年一样热闹。

（7）开洋陆上巡游

13时30分，司仪宣布东门岛天后诞辰开洋巡游开始（鸣鞭炮、放烟火，各队伍各就其位）；恭请天后娘娘出巡（由八名渔船老大抬

天后娘娘出巡（解亚萍　摄）

[1] 办酒场：村里专门设置给村民婚丧办酒用的场所。

着天后娘娘的神轿，高喊"恭请天后娘娘上轿"，乐队奏乐）。

巡游队伍出发（乐队奏乐），排列顺序为开洋牌匾两块（由东渔村、东丰村两名村长举着）——金牛一头（石浦延昌文体活动中心参与）——扫街两人（由石浦延昌文体活动中心文艺队扮演）——绿色清道长旗两面（由东门岛两名渔民举着）——"浙江渔业第一村"旗帜（由东渔村副书记举着）—— 彩旗队（由东渔、东丰两村村民举着）—— 渔具队（由东渔、东丰两村村民举着）——对锣队（两面大锣由尊皇宫选派）——肃静、回避、出入、平安牌四块（由东门岛村民举着）——石浦延昌宋皇庙十八将队——香鼎一座（由四名老大抬着）——天后娘娘坐像神轿（由东门岛渔船老大抬着）——

肃静、回避、出入、平安牌匾（陈朝晖 摄）

石浦延昌宋皇宫的十八将（陈朝晖 摄）

东门岛船鼓队（陈朝 摄）

鹤浦龙舟表演队（陈朝晖 摄）

镜架山龙灯队（张艳 摄）

大头公公、大头婆婆（陈朝晖　摄）

延昌马灯队（张艳　摄）

延昌鱼灯队（潘琼 摄）

大塘车灯队（陈朝晖 摄）

石浦宋皇宫抬阁之一（潘琼　摄）

石浦宋皇宫十二生肖队（陈朝晖　摄）

石浦宋皇宫抬阁之二（陈朝晖　摄）

石浦海滨腰鼓队（张艳　摄）

老渔民队——东门岛女子船鼓队——石浦镇镜架山村龙灯队——鹤浦镇女子龙舟队——石浦延昌文体活动中心马灯队——石浦延昌文体活动中心鱼灯队——大塘镇中站村车灯队——石浦宋皇宫十二生肖队——石浦宋皇宫抬阁二镜——石浦海滨腰鼓队。

巡游路线为东门天后宫——直街路——小菜场路——横街路——沿港东路——象鼻路——大寨路——沿港路——东渔村——东丰村——南汇村——石浦开元大酒店前马路（乘船或乘车到开元大酒店前马路集中）——石浦渔港路——石浦金山路口——东门轮渡码头——东渔村码头——直街路——东门天后宫。

队伍巡游到东景庙前、东渔村村委会、东丰村村委会广场、南

民间表演队在表演(陈朝晖　摄)

石浦渔港港畔的路祭（解亚萍　摄）

鱼灯队在表演（陈朝晖　摄）

东渔村的路祭（陈朝晖　摄）

巡游归来（潘琼　摄）

汇村广场、石浦海滨广场时，各停留约10分钟进行路祭。路祭十分隆
重，村民鸣鞭炮、放烟火迎接天后娘娘，天后娘娘真身停至供桌前，
各村领导、庙宇负责人敬酒、上香、叩拜，渔村群众持香祭拜、烧经。
当天后娘娘的神轿停落在八仙桌上位时，上百人立刻点香祭拜，口
中念念有词。许多信众用手触摸天后神轿，再去摸摸自己的脸，俗信
认为这样做能保佑吉祥，给自己脸上增彩添光。参加巡游的民族民
间艺术表演队伍则在开阔地上轮番表演，人声鼎沸，热闹非凡。

　　巡游返回时，除举旗队、东门渔鼓队外，其他表演队伍均从石
浦金山路直接返回各自的村落。护送天后娘娘的队伍到天后宫门口

时,村民及信众鸣鞭炮、放烟火欢迎娘娘回来,再次献上供品,问候娘娘一路辛苦。

17时30分,开洋巡游仪式结束。19时至21时30分,岛上村民又到天后宫看庙戏。

象山渔民开洋节的特征和价值

象山渔民开洋节承载着象山渔民许多重大的历史文化信息和原始记忆，被民俗专家认为是中国沿海比较有代表性的祭祀遗存。挖掘、保护象山渔民开洋节具有十分重要的历史价值和现实意义。

象山渔民开洋节的特征和价值

[壹]象山渔民开洋节的主要特征

象山渔民开洋节是在独特的自然环境和历史文化环境中,在长期耕海牧鱼的生产、生活中形成的别具特色的民俗活动形式,有着广泛的群众性和民间传承。它具有以下几个主要特征。

一、祭祀对象的多元性

渔家人大多崇信多元的民间神灵,同时信奉几个庙的菩萨。他们祭祀的对象,大致可分为两个类型:一是出于对不可抗拒的自然力的敬畏而被神化的对象,如龙王、海神天后娘娘(天妃娘娘、妈祖娘娘、圣母娘娘)等;二是历代民间被神化的先人和虚拟人物,如城隍老爷、关帝老爷、鱼师大帝等。渔民普遍认为,不同的菩萨有不同的神力,只要自己诚心,他们都会保佑家人平安、出海丰收。所以,每逢鱼汛出海捕鱼,他们总要在天妃宫(或妈祖庙等)举行开洋仪式求拜。如今,樯橹的木船早已难觅踪影,演变成了钢质的机动船,又有气象预报和卫星导航,安全性大大提高,可渔家人的信仰却依旧延续着传统。

二、活动空间的宽泛性

象山渔民开洋节的活动空间以天后宫（妈祖庙、娘娘庙等）为中心，向整个渔村、渔岛乃至周边渔村辐射。不同活动内容，其活动空间也不同。以东门岛开洋节为例，开洋法会、开洋典礼和庙戏设在天后宫，开洋巡游在东门岛主要街道和石浦沿港马路上，民间文艺团队的表演在各渔村的广场上，渔民个体祭祀在东门岛的几大庙宇，也有渔民在自己船上拜船龙，还有巡游时各村在村大楼前进行路祭等等。从中可以看出活动空间相当宽泛。

三、活动内容的丰富性

象山渔民开洋节活动大致分为四个部分。一是开洋法会。在出海前举行法会有两个目的，一方面给渔民一个精神寄托，让他们认为娘娘已为大家扫除海上的一切危险障碍，大家出海一定能平安、丰收；另一方面也是为整个活动筹集资金。二是在庙台演开洋戏。演出时间一般选择在开洋仪式前一两天，要演三到五天，以越剧为主。三是开洋仪式。仪式有渔民老大奉供品，渔姑敬上五果、点心、三茶二米，老渔民点香拜忏，年轻渔民三敬酒，村长恭读祭文等十多个程序。四是绕村巡游和文艺表演。海神娘娘神像在十多支民间表演队伍的护送下，沿着村道巡游一周，同时表演队伍在广场上各显神通，气氛异常热闹。

四、活动参与者的广泛性

象山渔民开洋节是当地一年中的盛事，因而参与度非常高。法会参与者是岛上的信众、法师；开洋典礼参与者有岛上的渔船老大、新老渔民、渔姑渔嫂、周边乡镇的信众、前来观摩的专家、记者、摄影爱好者及游客等；庙戏的观众有岛上的居民和岛外的戏剧爱好者，以及渔家请来参加开洋节的客人；巡游的参与者更是五花八门，有各个民间表演队伍的队员，有各支乐队的演奏者、敲船鼓的鼓手，有抬神轿的轿夫，有娘娘随从官员、侍女及八将的扮演者，有旗手、香客、岛上信众及观看巡游的观众等。由此不难看出活动参与者的广泛性。

五、仪式目的的特殊性

渔民向神灵祈祷的目的一是人身安全，二是捕捞丰收，凡是对此有利的都会被列入祈求的范畴。这种仪式目的符合渔民的特殊身份，因而明显地区别于农民、牧民和城镇居民。

[贰]象山渔民开洋节的保护价值

挖掘和保护象山渔民开洋节对于传承渔区传统文化、创造象山渔文化品牌具有十分重要的历史价值和现实意义。

一、历史记忆价值

象山渔民开洋节是当地海洋渔业发展的产物，是象山渔村民风民情的历史缩影。它就像一幅渔村民俗风情画，承载着象山渔家人的历史文化信息和原始记忆，记录下不同时代渔村的民俗民风，包含着丰富的海洋渔文化历史信息。正确地解读它，有助于我们更好地了解象山海洋渔俗文化的发展历史，对于象山渔文化历史的研究具有极其重要的价值。

二、文化传承价值

象山渔民开洋节是象山民间艺术表演的大舞台，当地各种民间艺术表演团队竞相登台献艺，通过交流技艺、培育新人，得以代代相传。在东门岛的开洋节活动中，民间表演团队就有延昌马灯、延昌鱼灯、石浦百兽灯、大塘车灯、昌国抬阁、金架山舞龙、延昌龙灯、旦门龙灯、鹤浦龙舟、东门鱼灯、东门船鼓、石浦民乐队等十几支队伍，通过多次参加活动，不断培养民间艺术传承人，渔民开洋节的文化传承价值由此显得更为突出。象山渔民开洋节是促进民间艺术发展的重要载体，也是许多民间艺术赖以生存、发展的文化生态环境。我们保护渔民开洋节，也就使它所承载的丰富文化得到了延续，对维系民间优秀文化传统具有重要作用。

三、社会和谐价值

人类是群居的社会性动物，个体都有一个适应集体、融入社会的过程；而社会或群体也要求每一个成员成为它合格的个体，其标准就是所有成员都掌握这个社会或群体的文化。象山渔民开洋节作为鲜活的、丰富多样的群体民俗文化活动，也就是个体的社会化过程，是个体学习群体传统文化，接受、适应并在这种文化中成长、发展的过程。在这一过程中，个体接受了群体的传统文化，也就是对这个社会进行了价值认同，从而有效地融入社会，达到社会和谐。每届开洋节都已成为当地人亲友交际的情感纽带，人们借此机会邀请亲朋好友相聚，增强了亲友间的凝聚力；邻里之间相互宴请，也加强了邻里感情，促进了社会的稳定和人民的团结。长期以来，象山渔民开洋节已成为渔家人民族认同的载体、社会团结和谐的纽带。

四、渔俗研究价值

不同区域的人们在海洋性社会生活中形成的渔俗是不同的，其差异性是海洋渔俗研究中最有价值的部分。象山渔民开洋节是千百年来在特定地域、特定生产方式中形成的一种多元性民俗文化现象，包含了渔村丰富多彩的民俗民风，是包罗万象的渔村民俗百科全书。例如象山渔民开洋节仪式祭祀对象的多元性特征就是中国沿海祭祀文化类型的典型代表，也是当地现存祭祀传统文化最重要的组成部分，保留了大量的原始祭祀礼仪和民族民间文化艺术表演形式，被民俗专家认为是中国沿海比较有代表性的祭祀遗存。2002年8月至2005年8月，中日民俗专家五次来象山东门岛考察当地民俗，也包括岛上的渔民开洋节活动，便是很好的证明。

五、民俗教育价值

象山渔民开洋节上的庙戏和各种民间文艺活动是教化人心、匡正风气的重要载体，是一种"寓教于乐"，是潜移默化的道德伦理、社会价值观、地方认同感教育。在传统社会，渔民很少有读书受教育的机会，他们的国家意识、对历史的领悟、对民族的认同乃至家庭伦理道德，大多不是来自官方的教育，而是在长年累月的与神共乐的欢娱中受到启蒙和教育，这是正统教育之外的社会民俗教育。

六、心灵寄托价值

象山渔民开洋节历来是渔家人的精神寄托。开洋节法会、祭祀仪式、巡游等仪程给渔家人一种心理暗示：神灵、菩萨已为出海的渔民扫清了一切不安全的障碍，波涛汹涌的海上会有神灵、菩萨保佑大家出海作业平平安安，获得丰收。这种心理暗示增强了渔民战胜灾难的信念和勇气，在一定程度上成为渔家人战胜一切困难的精神支柱。

象山渔民开洋节的濒危状况和抢救保护

由于时代的发展、文化的『世易俗移』，象山渔民开洋节这一古老的渔区民俗文化活动的传承和发展面临考验。但在社会各界数年的共同努力下，对它的抢救和保护已初见成效。

象山渔民开洋节的濒危状况和抢救保护

[壹]象山渔民开洋节的濒危状况

随着社会的变迁、科技的发展,世界逐渐成为"地球村"。渔区的生产、生活方式乃至文化意识也发生了巨大的变化,渔区的人们都强烈地感受到了"世易俗移",象山渔民开洋节这一古老的渔区民间民俗文化活动的传承和发展面临着严峻的考验。

一、从生态环境层面上看

由于现代机械捕捞方式替代了传统的手工捕捞方式,掠夺性的狂捕滥捞导致海洋渔业资源急剧减少,原有的渔业生态环境发生了巨大的变化。传统近海渔场渐渐消失,渔区经济结构几度变更,从个体、互助合作到集体渔业经济,又从联产承包变更到股份制经济形式,渔区社会经济结构频繁调整,渔村不断萎缩。据《象山县渔业志》记载:1955年全县有193个渔业互助组,1961年有63个渔业生产大队,1986年有15个渔业乡镇、48个渔村,到2004年仅剩9个渔业乡镇、36个渔村。另外,庙宇的大量拆除也影响了开洋节的举办。以娘娘庙为例,据旧志所载,象山境内原有20多座天后宫(天妃宫、妈祖庙、圣母庙、娘娘庙),现经初步调查仅存12座。由此可见,传统渔民开洋节的生存空间不断缩小，不少渔村的开洋节已逐渐淡出人们的视野。

二、从传承氛围层面上看

受渔区社会经济快速发展的影响，传统的开洋节影响力急剧下降，传承范围迅速缩小，给传承和保护带来很大困难。一方面，越来越多的年轻渔民受现代文化的影响，更喜欢具有时代特征的文化新元素，对传统开洋节活动的相关程序也不熟悉，从而陷入了无人继承的窘境；另一方面，渔区生产方式和经济形式日趋多样化，传统开洋节的影响力逐渐弱化，这也在很大程度上给开洋节的传承带来了负面影响。

三、从原生态保护层面上看

当前，在象山渔民开洋节的原生态保护工作中存在着诸多矛盾。其一，恢复和保护渔区特色的原生态开洋节与当下现实社会需求的矛盾。目前，渔区社会经济结构已初步现代化，生产、生活方式与以往截然不同，原生态的开洋节活动与社会实际需求有一定差距。其二，开发性保护与原生态保护之间的矛盾。对开洋节进行开发性保护有利于扩大社会影响，也会产生一定的社会效益，但又容易产生各取所需的随意性，改变开洋节的原有特征和文化精神，久而久之就会改变其原有的价值和意义。要做到适度开发绝非易事。

四、从保护力度层面上看

尽管各级领导非常重视象山渔民开洋节的传承和保护,但资金的缺乏导致许多保护措施无法落实,开洋节活动尚处于艰难的生存境地。此外,渔民开洋节至今还没有被系统地转化为文献资料。可以说,没有保护和传承,象山渔民开洋节的影响力就会逐渐削弱,甚至消亡。因此,渔民开洋节的抢救、保护工作十分必要,十分紧迫。

[贰]象山渔民开洋节的抢救与保护

象山渔民开洋节的保护是一项长期而艰巨的工作,需要强化宣传,扩大影响,普及全民保护意识,形成政府主导、多方面参与的保护机制,要立足长远,谋篇布局,逐步形成以资源保护、传承发展等内容为核心的传承保护措施。

一、已取得的保护成果

首先是民间自发的挖掘和传承。改革开放以来,渔区各地民间筹集资金,逐渐修复或重建活动场所。据初步统计,全县范围内重建或修复的渔民开洋节活动场所有近20个。比较有代表性的是石浦镇东门岛天后宫。东门岛天后宫曾一度改为学校,1984年以后,由岛上开洋节传承人颜妙福、潘妙青、许良玉等人发起,全岛居民鼎力相助,集资80多万元进行修复,还其原貌。2002年12月,东门岛天后宫被列为象山县文物保护单位,是县内保存最完好、整修最精美的妈祖庙。随着各地活动场所的陆续重建或修复,渔民开洋节活动从

2003年谢洋巡游船队（解亚萍　摄）

"地下"逐渐转到"地上"，渔家人每年都自发举办小型的开洋节活动。2003年，东门渔村自发组织"谢洋妈祖赛会"，在传统的法会、谢洋祭祀及演戏的基础上增添了"天后娘娘金身"上船绕石浦港、东门岛巡游一周及踩街活动。通过媒体的报道，象山渔民开洋、谢洋活动的影响面逐渐扩大。

其次是开展普查申报工作。为了更好地传承和保护象山渔民开洋节，认真做好各级非物质文化遗产名录的申报工作，2006年下半年开始，象山县文化广电新闻出版局组织人员对县内比较有影响的"象山祭海"（后改为象山渔民开洋、谢洋节）等非物质文化遗产

乌丙安教授在东门岛考察渔民开洋、谢洋节（解亚萍　摄）

项目进行重点普查并积极申报省级名录。有关人员先后多次到全县各渔村进行摸底普查，以"摸清家底、规范整理、保护传承"为目标，按照"不漏村镇、不漏线索"的普查要求，走渔村、进渔户，访问座谈，进行了全覆盖的调查和登记，了解和掌握了全县渔村渔民开洋、谢洋活动的起源、延续、发展、分布、生存环境和传承现状等情况。2007年4月，象山渔民开洋节被列入省级非物质文化遗产名录，2008年6月又被列入国家级非物质文化遗产代表性项目名录。2008年下半年，相关人员将挖掘、搜集到的文字、图片资料整理归档，建立了一个图文一体的电子文库，为做好抢救保护工作创造了条件。

第三是对重点渔区的扶持。象山县石浦镇东门岛是渔民开洋节活动比较盛行的区域。自从2003年举行了颇具规模的谢洋活动后，政府文化部门对此十分关注，特别是从2007年开始，政府文化部门

观摩开洋典礼的国家"非遗"专家刘魁立教授（陈朝晖　摄）

宋兆麟教授向传承人韩素莲了解有关开洋、谢洋节的情况（解亚萍　摄）

每年对东门岛的开洋节活动给予人力、物力上的支持，派出专业人员帮助规范活动程序，深挖活动内涵。通过大家的不懈努力，符合渔家人心理需求的东门岛开洋节活动逐渐走向规范，几年来举办多次，2007年、2008年、2009年、2010年、2011年、2012年农历三月廿三举行的大型开洋节活动得到了多家新闻媒体的报道和专家学者的充分肯定，具有一定的社会影响。

第四是对传承人的保护和培养。传承人是渔民开洋节的重要承载者和传递者，他们掌握一整套的活动程序、步骤和祭祀方法，既是渔民开洋节的活宝库，又是代代相传的代表性人物。对传承人的保护和培养，是渔民开洋节保护工作的关键。象山县文化广电新闻出版局十分重视对非物质文化遗产代表性传承人的保护和培养，通过摸底排查，了解到东门岛的韩素莲是重要的开洋节传承人。韩素莲，女，1952年1月17日出生在东门岛的一个渔民家庭。1972年结婚后，一直跟随在婆婆颜妙福身边，成为其得力助手。颜妙福是东门天妃宫的护法，过去一直主持东门岛的开洋节及各种祭祀活动，也是一位公益事业的热心人。在婆婆的多年传授和指点下，韩素莲学得一整套开洋节活动的组织程序和祭祀方法，从1992年开始主持组织东门岛开洋节及东门天后宫所有祭祀活动的具体事务，无偿为渔民群众服务，受到一致称赞。2008年1月，韩素莲被浙江省文化厅确认为象山渔民开洋、谢洋节的代表性传承人。从2007年开始，韩素

韩素莲在指导开洋典礼供品的摆放（解亚萍　摄）

莲通过言传身教，逐渐培养了一批开洋节活动的骨干力量，共有30余人，为东门岛开洋节活动的有序传承作出了很大的贡献，使象山渔民开洋节后继有人。

二、今后的保护措施

1. 提升保护意识

提高渔区群众的保护意识，是象山渔民开洋节保护的重要基础。象山渔区群众是象山渔民开洋节的创造者、传承者，也是这项非物质文化遗产的保护者。倘若没有渔区群众的参与，无论蓝图多么美好，保护工作都只是政府文化部门的一厢情愿，是无本之木、无源之水。所以，抢救和保护象山渔民开洋节不只是某些部门或某几个人的事，而是整个渔区的公益事业，保护工作应当成为渔区群众的共识和自觉行动。我们应通过新闻媒体加强舆论宣传，调动渔区群众的积极性，使渔区群众人人懂得保护这项非物质文化遗产的重要性，在整个渔区形成爱护、保护这项非物质文化遗产的良好氛围，使每一个渔区群众都能为象山拥有渔民开洋节这一国家级非物质文化遗产而自豪。

2. 加强宣传引导

一是依靠专家科学造势。通过举办专家论证会、项目研讨会、笔会等多种形式的活动，争取得到专家的指导和肯定。同时，邀请专家、学者指导和参与象山渔民开洋节的采风活动、丛书编纂、数据库的建设，为传承保护象山渔民开洋节提供指导，达到学术推进和科学造势的双重效果。

二是依靠活动扩大影响。通过帮助当地渔民举办有代表性和影响力的开洋节活动，提高其知名度，达到扩大宣传的效果。

三是依靠媒体加大宣传。借助传播媒介的覆盖面、辐射力，开展象山渔民开洋节的宣传活动，宣传我们的保护工作、保护行动，宣传传承基地的活动，宣传代表性传承人，从而扩大象山渔民开洋节的社会影响。

3. 健全保护机制

一是健全管理工作机制。要发挥象山县非物质文化遗产保护领导小组和非物质文化遗产保护中心的作用，形成由政府牵头，文化、宗教、财政、规划、建设、旅游、公安、政法等部门联合组成的有一定权威性的综合机构，协调和解决保护工作中遇到的种种问题，真正形成"政府协调，部门联动"的综合协调机制。县级非物质文化遗产保护中心要加强保护管理和专业工作力量，建立象山渔民开洋节的专家和代表性传承人资料库，进一步加强对渔民开洋节保护工作的决策咨询和业务指导。

二是建立政策保障机制。象山渔民开洋节是珍贵的不可再生的非物质文化遗产资源，必须致力于从政策层面对它进行保护。地方政府建立相应的政策法规，显得十分重要。

三是建立资金投入机制。象山渔民开洋节的传承和保护是一项长期工作，需要投入资金。县财政要设立国家级非物质文化遗产代表性项目的保护专项资金，将所需经费列入财政预算，并随着财政收入的增长不断加大投入力度，以保证象山渔民开洋节传承、保护和研究工作的可持续开展。同时要制定政策，鼓励社会力量参与渔民开洋节的保护，积极吸纳社会资金和民间资本参与保护，逐步形成政府主导、分级负责、社会参与的资金投入机制。

4. 形成保护体系

一是形成保护工作体系。要着手编制《象山县非物质文化遗产

保护十年规划》，分阶段提出保护的目标、任务和要求。要对生态环境、保护范围、责任分工等作出明确部署，将保护工作纳入重要议事日程，纳入国民经济和社会发展规划，纳入年度财政预算。要重点强化国家级非物质文化遗产代表性项目与生态环境的保护机制，防止过度开发利用，防止假借保护之名进行破坏性建设。要形成健全、有效、可持续的保护工作体系，使象山渔民开洋节保护工作循序渐进，有章可循。

二是形成活态传承体系。正如国家"非遗"保护工作专家委员会副主任刘魁立所说："如此完整、原生态的民俗仪式在全国已不多见。这种祭祀活动不仅能给渔民带来心理安慰和精神寄托，而且也能给我们带来一种心理上战胜灾难的信念和勇气。民俗文化是民众创造、传承与享用的生活文化，作为地域性民俗文化艺术大汇展最佳时机的节庆活动，正是构成基层文化特色的重要因素、显示群众文化魅力的生动舞台。入选'非物质文化遗产名录'只是一种方式和手段，要把杰出的手艺传承下来，重要的还是'活态'的传承，使传承人不要断代，给他们提供施展的舞台，在群众文化土壤中汲取营养。"保护象山渔民开洋节的关键在于传承，要采取"活"、"传"、"新"等手段，鼓励支持传承和展示。首先是"活"，即激活传承人的传承热情，在省、市补助传承人津贴的基础上，建立县级传承人保护基金，解决传承人的后顾之忧，奖励无私传授技艺的行为。其次是"传"。除提供资料和技术支持外，鼓励和支持传承人开展经常性的开洋节传习活动，使非物质文化遗产薪火相传，后继有人。进一步强化年轻一代渔家人的自觉传承意识，以集中培训的形式、培训补助的方式培养年轻队伍。充分发挥传承基地在培养传承人方面的积极性，培育传承骨干队伍，为完整而长远地传承象山渔民开洋节奠定人才基础。再次是"新"，即在继承传统的基础上融入时代，融入渔村渔民生活，融入现代元素，使象山渔民开洋节焕发勃勃生机，与时俱进地延续生命力。

三是规范文化空间。象山渔民开洋节必须依赖于与之相适应的文化空间，这是渔民开洋节的有机组成部分，也是渔民开洋节保护的必要条件。如果没有文化空间，就谈不上对渔民开洋节的传承和保护。因此，制定相关的保护措施，规范和保护好与渔民开洋节相适应的文化空间，具有十分重要的意义。

总之，行之有效的保护措施对于继承象山渔民开洋节传统、推进象山渔民开洋节传承发展具有极为重要的意义。我们应该增强使命感和紧迫感，不断加强保护，不断创造有利条件，在海洋渔文化生态保护区建设中发挥积极的作用。

附录

一、谢洋仪式

谢洋仪式在黄鱼汛结束后举行，大约是每年的农历六月廿至六月廿三。渔船平安归来后，长元要在天后宫举行隆重的谢洋祭祀仪式，在天后娘娘神明前奉上供品，长元上香献爵，众伙计跪拜，虔诚还愿，感谢保佑。具体祭祀内容与开洋节类似，只是少了请神的环节。

二、谢洋戏

旧时大黄鱼汛一般在农历六月十五结束，渔船从舟山的岱山返航归来。六月廿三，各地天后宫热闹非凡，演戏庆丰收、庆平安，俗称"谢洋戏"或"还愿戏"（还长元开洋时所许的愿）。谢洋戏由高产渔船出资包演，极盛时连演七天七夜。戏台上挂有"神人共乐"横额，庙里张灯结彩，供奉三牲福礼。所请戏班有宁海乱弹班、绍兴高调的笃班，妇女们则更喜欢嵊县的越剧班。第一场好戏开锣前，必须要到村里所有的庙宇把那里的菩萨请来(各庙令箭供奉)一起看戏。演正戏前，往往加演一出《蟠桃大会》，船主要赏红包给戏班子, 戏班子引以为荣, 全场观众皆大欢喜。各渔船船主往往选聘优秀戏班, 以博取群众欢心。

三、谢洋海上巡游[1]

2010年谢洋海上巡游在农历六月二十八日下午举行。巡游程序与开洋陆上巡游一样, 只是民间文艺表演形式有所改变, 以乐队演奏为主。首先, 渔民老大抬着天后娘娘神像按照指定路线巡游到东大冷库码头上船, 其间在东渔敬老院门口进行一次路祭。各民间文艺表演队把神灵送上船后, 上各自的渔船敲锣打鼓助兴。具体内容、程序及线路如下。

14时30分巡游开始, 乐队奏乐。

队伍次序: 谢洋牌子两块——绿色清道长旗两面开路——"浙江渔业第一村"旗帜——对锣队——石浦镜架山村龙灯队——东门船鼓队——"肃静"、"回避"、"出入"、"平安"牌灯两对——龙旗队——石浦城区老年活动中心护驾八将队(手持各式兵器的八名将士)——香鼎——天后娘娘八抬神轿——延昌宋皇宫护驾十八将队——香客队伍——石浦延昌文体活动中心鱼灯队——石浦延昌文体活动中心马灯队——石浦城区老年活动中心虾兵蟹将队——石浦宋皇宫十二生肖队——石浦龙灯会。

海上巡游次序:

---

[1] 以2010年为例。

[指挥船]　渔政快艇

[1号船]　横额："东门岛渔民谢洋海上巡游"

　　　　队伍：谢洋牌子、大红旗、清道旗两面、镜架山龙灯

　　　　队、乐队

[2号船]　横额："感谢大海　惠赐宝藏"

　　　　队伍：东门船鼓队（大鼓）

[3号船]　横额："感谢天后娘娘恩泽"

　　　　队伍："肃静"、"回避"、"出入"、"平安"牌，龙旗、香

　　　　鼎、妈祖神像、村姑渔妇执香、护驾八将、船鼓（小鼓）

[4号船]　横额："感谢海洋恩泽　感谢神灵庇护"

　　　　队伍：保生大帝、龙旗、乐队

[5号船]　横额："善待海洋　保护生态"

　　　　队伍：广泽尊王队

[6号船]　横额："海洋的盛典　渔民的节日"

　　　　队伍：池府皇爷队

[7号船]　横额："善待海洋　保护生态"

　　　　队伍：延昌鱼灯队、乐队

[8号船]　横额："保护海洋就是保护人类自己"

　　　　队伍：延昌马灯队、乐队

[9号船]　横额："海洋的盛典　渔民的节日"

　　　　　　队伍：虾兵蟹将队、乐队

[10号船]　横额："感恩海洋　保护海洋"

　　　　　　队伍：宋皇宫十二生肖、乐队

[11号船]　横额："感谢海洋恩惠　感谢神灵庇护"

　　　　　　队伍：十八将队

[12号船]　横额："善待海洋就是善待人类自己"

　　　　　　队伍：石浦龙灯队、乐队

摄影、录像专用船2艘

海上巡游线路：天后宫——直街路——东大冷库码头上船——

沿东门渔港——石浦中国水产城（新）——沿石浦港——铜瓦

渔船上的热闹场面（潘琼　摄）

载着天后娘娘神像巡游的渔船（潘琼　摄）

巡游船队（解亚萍　摄）

东渔村路祭（解亚萍　摄）

门——穿过铜瓦门大桥——东门灯塔——东大冷库码头下船——沿直街路——返回天后宫。

18时天后娘娘像返回天后宫，神轿至大殿中堂，抬轿渔民齐呼"敬请天后娘娘下轿"，把神像置回原处。众人合手躬拜，祈求祥和、平安、丰收。

[贰]历年开洋节、谢洋节祭文及民间祭词

2003年谢洋典礼祭文

维公元二〇〇三年农历六月二十三日，时值伏季休渔季节，浙江省象山县石浦东门乡人及各地人士谨于官基山麓天妃宫敬献果品美酒，祭颂大海于东门港畔。祷以文曰：

万顷一碧，沧海茫茫，斗转星移，潮起潮落，人间沧桑。当今时代，春风劲拂，神州大地，海洋经济，振翅奋飞。古岛东门，滔滔天门水，巍巍古城墙，厚厚东门志，赫赫钢质轮。兴渔致富，归功于国家政策英明，归功于天后庇佑，归功于妈祖精神。政府立法，施行休渔、开渔，渔区尊奉，万民拥戴。今日隆重祭祀天后娘娘，举行谢洋典礼，感谢大海，潮遂人愿，凯旋而归，人海共荣，丰产安康。

幸哉，尚飨！

癸未年三月二十三日东门乡人上

2007年、2008年开洋典礼祭文

维公元二○○八年农历三月二十三日，时值天后娘娘诞辰庆典。浙江省象山县石浦东门乡人及各地人士敬献果品美酒，于官基山麓天妃宫祭颂大海于老东门港畔，而告之以文曰：

大海泱泱，烟波苍苍，斗转星移，潮起潮落，人间沧桑。当今时代，改革开放，春风劲拂，神州大地，海洋经济，振翅奋飞。兴渔致富，归功于国家政策英明，归功于天后妈祖娘娘。

善待海洋就是善待人类自己。渔区尊奉，黎民拥戴。人与自然，休戚相关。陆与海洋，脉脉依偎。今日隆重祭祀天后娘娘，进行开洋

典礼。〇八奥运，旗开得胜，祈告沧海，潮遂人愿，凯旋而归，人海共荣，丰产安康，再创辉煌。

幸哉，尚飨！

戊子年三月二十三日东门乡人上

2009年、2010年开洋典礼祭文

维公元二〇〇九年农历三月廿三，时值天后娘娘诞辰吉日，浙江省象山县石浦东门岛父老乡亲于官基山麓天后宫敬献果品美酒，祭颂天后。

古岛东门，历史悠久，祖祖辈辈，靠海为生，以渔为业，举国知名。邑人深知，海兴我兴。政府立法，休渔开渔，渔区尊奉。

今日隆重祭祀天后娘娘，举行开洋典礼，祈告沧海，潮遂人愿，满载而归，人海共荣，丰产安康，再创辉煌。

幸哉，尚飨！

己丑年三月二十三日东门乡人上

2010年谢洋典礼祭文

维公元二〇一〇年农历六月廿八，时值伏季休渔期，浙江省象山县石浦镇东门岛父老乡亲于官基山麓天后宫敬献果品美酒，感谢海洋，感谢天后娘娘恩泽。

古岛东门，历史悠久，祖祖辈辈，靠海为生，以渔为业，举国知名。渔人深知，海兴我兴。政府立法，开渔休渔，渔区尊奉。

今日隆重举行谢洋典礼，感谢大海，惠赐宝藏，感谢娘娘，襄我渔民，丰产安康，凯旋而归。善待海洋，保护生态，人海共荣，再创辉煌！

幸哉，尚飨！

庚寅年六月二十八日东门乡人上

开洋、谢洋节渔民个人祭天后祭词

佛前求忏悔，求佛保平安。一双蜡烛点起上高台，先求洪福后求财。今求佛菩萨加持，保佑阿拉渔民兄弟都要红光满面，福星来临，鸿运高照，财源滚滚。每对船都要抲鱼抲得前舱满后舱满，舱舱满，艄艄满，一网打来堆满船，一帆风顺，满载而归。

[叁]中国开渔节

中国开渔节从1998年举办至今已历十五届。经过十五年的历练，开渔节的活动内容和形式不断创新，活动规模和影响逐年扩大，形成了仪式、论坛、文艺、经贸和旅游五大板块的十多个精品活动项目，成为渔民的节日、大海的庆典、海洋文化的盛会。这里主要介绍仪式板块的基本内容和程序。

一、祭海典礼（以1999年为例）

第二届中国开渔节祭海典礼于1999年9月14日上午8时在石浦皇城沙滩隆重举行。司仪登上祭海台，宣读以下司仪词。

1. 1999年中国（宁波·石浦）开渔节祭海典礼现在开始，全体肃立，雅静。

2. 请主祭人象山县县长王仁洲登祭台（由两名礼仪小姐从中路引导主祭人登台居中，礼生下）。

3. 请陪祭人登祭台（由两名礼仪小姐从左、右两路引导陪祭人登台，呈外八字居两侧站立，礼生下）。

4. 击鼓、鸣锣、吹号（约3分钟）。

5. 请主祭人盥手（礼仪两名，一名捧盥手盆，一名捧毛巾，服侍完毕，原路下）。

6. 请主祭人恭读祭海文，奏乐（乐队奏《大白板》。乐声中左礼仪小姐上祭海文盘，右迎宾小姐取祭海文硬本交主祭人，礼生下，乐止）。

祭海文如下：

公元一九九九年九月十四日，中国宁波石浦开渔节吉日良辰，浙江省象山县县长王仁洲率出席祭典者，并承全县五十三万人民及县外人士之意，敬献礼品，谐奏民乐，祭颂大海于宋皇城沙滩之滨。祭曰：

混沌初开，大海漫漫。吞吐日月，含孕星汉。蕴无量之宝藏，涵不尽之资源。利舟楫而通五洲，奉鳞甲以济兆民。赖海恩泽，富民兴邦。泱泱中华，景曜东方。

浙东象山，缘海而邑。纵横百里，海域广袤。远古六千年，塔山人耕海牧渔。历秦汉南朝，传徐福弘景居蓬莱。千百年来，先民勤朴，后昆淳良。张银网而罟海错，奋铁臂以创锦绣。佑平安妈祖鱼师传显徽，靖海氛谭使戚军逞神威。世世代代，伴海而生，奋发图强，庶几海邑建乐园。

人与自然，休戚攸关。陆与海洋，脉脉依偎。二十一世纪，瞩目海洋，前景广阔。然向大海索取无度，必危及人类自己。纳百川可不竭，节细源使永远。故自九五，施行休渔开渔。政府立法，渔区尊奉，以保长渔久业。

方今世纪之交，建国五秩，开渔庆典又届。千余平方公里境域，龙腾虎跃。荔湾象港松兰皇城，舒怀开放。海内宾客踵至，万民空巷云集。船队列列，龙旗猎猎，征鼓阵阵，待等令下，千轮竞发，驰骋海疆。诚以阅师之际，祈告沧海，愿旗开得胜，丰产安康。襄我邑民，再创辉煌。

幸哉，尚飨。

7. 请仪仗队引导主祭人、陪祭人走向大海献礼，参祭人员随队面向大海，奏乐（乐队奏《梅花三弄》）。

由祭台通过中心线走向海滩的祭祀队伍序列如下：40名仪仗

手两路前进，排头至海边后，在中心线间隔数米两侧相向而立；1名捧祭文硬本礼仪；18名捧玻璃鱼缸儿童；5名捧五果礼仪；9名捧锡酒壶礼仪；2名迎宾引导礼仪；主祭人；2名迎宾引导礼仪；陪祭人。

人员依次到达丁字祭祀区，面向大海，横排站立，主祭人居中（乐止）。

8. 全体肃立，向大海致礼。一鞠躬，再鞠躬，三鞠躬。

9. 献五果。（乐队奏民间曲牌《农家乐》。5名礼仪小姐捧五果盘自侧面上，转向祭祀人。主祭人及4名陪祭人从礼盘中捧取五果，礼生下。）主、陪祭5人双手自下而上将五果抛向大海（乐止）。

10. 献酒。（乐队奏民间曲牌《大登殿》。9名礼仪小姐捧酒盘自侧面上，主祭人及8名陪祭人各取一把古式江南锡酒壶等候，礼生下。）

一敬酒（主、陪祭欠身自左至右倾酒），二敬酒（同上），三敬酒（同上）。9名礼生上，接回酒壶，下（乐止）。

11. 请主祭人、陪祭人、渔民老大代表放海生。（乐队奏《梅花三弄》。18名儿童抬玻璃鱼缸自侧面上，与主祭人及8名指定陪祭人，3人一组，成前三角队列，将鱼缸护送至海水中放生。与此同时，18位渔民老大代表与大缸护卫仪仗队3人一组，成后三角队列，将左右两侧的18只大缸抬护至海水中放生。放毕，所有人员原队形返回，乐止。）

祭旗猎猎（周祖安 摄）

击鼓（郁祖心 摄）

石浦文化馆民乐队在祭海典礼现场演奏（余新奇　摄）

祭海现场一角（郁祖心　摄）

12. 请主祭人、陪祭人返回祭台（乐队奏全套民间吹打乐曲）。

从海边中心线返回祭台的队伍序列为两礼仪小姐——主祭人——两礼仪小姐——陪祭人。其他礼生及仪仗队海边原地站立，面向大海。主祭人、陪祭人返祭台，面向大海原位置站立，礼生下（乐止）。

13. 1999年中国（宁波·石浦）开渔节祭海典礼礼成。击鼓，奏乐，放鞭炮。（锣鼓开场，乐队奏曲，鞭炮齐鸣，飞鸽上天。播放《在海一方》乐曲，播音员播送结束语。）[1]

二、开船仪式（以2008年为例）

第十一届中国开渔节开船仪式于2008年9月16日11时在石浦港古城木板观景台举行，内容有县长致辞、文艺节目表演、为渔民兄弟敬壮行酒、开船等。当时，石浦港内的1500多艘渔船汽笛齐鸣，犹如一支威风八面的舰艇编队，劈波斩浪，开赴东海渔场，进行秋季渔业生产。渔港边的岸上、海边的山上、岛上都是送行的人群，老人、小孩、妇女尽情地挥动双手，盼望亲人早日满载而归。具体流程如下。

1. 11时，两位主持人登场，开场白。

2. 11时05分，东门船鼓队表演。东门船鼓融娱乐与健身为一体，威武雄壮，气势磅礴，展示了海岛渔民豪迈粗犷、果敢威猛的精神风貌。

[1] 以上摘自朱永林《世纪祭海珍稿》，格式上稍有改动。

长绸扇队在表演（陈姬荷　摄）

　　3. 11时08分，海达渔鼓表演，表现了象山渔民捕鱼归来、打起渔鼓欢庆丰收的欢腾场面。

　　4. 11时15分，长绸扇舞表演《国风》。长绸扇舞队由渔家妇女组成，表现了妻子为即将出海的丈夫壮行的情景。

　　5. 11时17分，县领导致欢迎词。

　　6. 11时22分，敬壮行酒。

　　男青年上："开渔啰——！"

　　小女孩上："哦，开渔啰——！"

　　小男孩上："爷爷，爷爷，快来呀，马上就要开渔喙——！"

　　（音乐引出2位手捧大酒碗的老渔民和30位手捧大酒碗的东门

岛渔家妇女。）

两位老渔民祝酒词："后生人！介多[1]后方父老乡亲、介多领导为大家敬酒祝福，祝大家抲鱼人红光满面、福星来临、鸿运高照、财源滚滚，抲鱼抲得前舱满、后舱满！高高兴兴抲鱼去，平平安安回家来！"

主持人引导全场持酒者："来！渔民兄弟们，祝你们一帆风顺、满载而归，干！"（领导、嘉宾、老渔民、渔姑、渔嫂等都举起手中的

开渔啦（沈颖俊　摄）

[1] 介多：这么多。

酒碗,给渔民敬酒。)

7. 11时24分,联系带头船老大。

男主持人:"喂,带头船老大,你们准备得怎么样了?"

带头船老大:"报告指挥中心,开船队伍已经全部准备完毕,请指挥中心发布开船命令。"

8. 11时25分,宁波市海洋与渔业局副局长朱林华下达开船起航命令:"我宣布,第十一届中国开渔节开船仪式首发船队起航!开

船！"（紧接三声长汽笛）

9. 11时28分，象山县人民政府副县长孙小雄为出海渔船鸣锣，紧接着三发红色信号弹升起。领航的中国渔政33206号船到达指挥台前。

10. 11时29分，开船开始。

领号人："善待海洋，就是善待人类自己！"

海达渔鼓队、东门船鼓队、长绸扇舞队齐声接喊："善待海洋，就是善待人类自己！"（反复两次，中国渔政33206号全体船员在甲板上一字排列，向岸上的送行人群敬礼。）

领号人："出入平安，满载而归！"

海达渔鼓队、东门船鼓队、红绸扇舞队齐声接喊："出入平安，

出海渔船驶出铜瓦门大桥（石浦镇宣传办　供稿）

送行的人群（郁祖心　摄）

满载而归！"（反复两次，渔船上渔民手举横幅："祝第十一届中国开渔节圆满成功！"）

一支支船队依次起航，在送行人群的欢呼呐喊声中驶向大海。

11. 尾声, 10只礼宾花齐放, 开船仪式结束。

[肆]中国开渔节祭海典礼部分祭海文

第五届中国开渔节祭海典礼祭海文

维公元二〇〇二年九月十五日, 象山石浦又迎来新一届中国开渔节。值此盛典, 浙江省象山县县长金俊杰偕县内外与会人士, 谨代表全县人民, 敬具果品美酒, 祭颂大海于宋皇城沙滩, 而告之以文曰：

万顷一碧, 沧海茫茫。风云雷霆在此孕育, 芸芸众生在此发祥。

斗转星移，历经世事变迁；潮起潮落，阅尽人间沧桑。

半岛象山，古称蓬莱，远古六千年前，塔山人耕海牧渔，生生不息。勤劳淳朴之民风，代代相传。当今时代，改革春风劲拂半岛大地，海洋经济振翅奋飞。沧海生光辉，大地换新颜，现代化生态型滨海城市雏形已现。

人与自然，休戚相关；陆地海洋，脉脉相偎。文明开发，它会向你赐福；野蛮攫取，它会给你招灾。善待海洋就是善待人类自己。故政府立法，施行休渔，渔区尊奉，万民拥戴。

今值秋风送爽季节，开渔庆典又届。千余平方公里境域，披上节日盛装；荔港松兰皇城，敞开宽广襟怀。海内宾客纷至，万民空巷云集。船队阵列，龙旗飘舞，征鼓阵阵，千轮待发。诚以阅师之际，祈告沧海，潮遂人愿，凯旋而归，人海共荣，兴我象山！举此隆重庆典，把酒祭酹沧海，以表我五十三万赤子之诚，殷殷之情，切切之意。

幸哉，尚飨！

第六届中国开渔节祭海典礼祭海文

维公元二○○三年九月十五日，象山石浦迎来第六届中国开渔节。值此盛典，浙江省象山县人民政府县长周江勇偕县内外与会人士，谨代表全县人民，敬具果品美酒，祭颂大海于宋皇城沙滩，而告之以文曰：

大海泱泱，烟波苍苍。涵不尽之资源，蕴无量之宝藏。历施恩泽，富民兴邦。斗转星移，潮起潮落，阅尽人间沧桑。

半岛象山，远古六千年前，塔山人耕海牧渔，生生不息。勤劳淳朴，代代相传，伴海而业，奋发图强。当今时代，改革开放，经济振兴，沧海生光。现代滨海城市举目可望。

人与自然，休戚攸关；陆与海洋，脉脉依偎。文明舍取，方霈泽斯降；无度攫掠，则衰微寝竭。是以善待海洋，就是善待人类自己。政府立法，施行休渔。渔区尊奉，黎民拥戴，寰内应响。

今开渔庆典又届，千余平方公里境域披上盛装，荔港松兰皇城敞开襟怀。海内宾客纷至，万民空巷云集。船队阵列，龙旗猎猎，征鼓阵阵，千轮待发。诚以阅师之际，把酒祭酹沧海，以表我五十三万赤子之诚。祈告沧海，潮遂人愿，凯旋而归，人海共荣，兴我象山！

幸哉，尚飨！

第七届中国开渔节祭海典礼祭海文

维甲申之秋，八月朔日，浙洋重镇，又届开渔盛典。象山县县长周江勇偕域内外同仁，谨代象邑五十三万民众，敬具时果美酒，祭颂大海于宋皇城沙滩，而告之以文曰：

万顷一碧，沧海茫茫，鸥鸟翔集，洪波逐浪，贝硕鱼丰，繁衍不息。万物生灵在此孕育，芸芸众生在此发祥。壮哉大海，伟哉大海！

半岛象山，古称蓬莱，物华天宝，人杰地灵，百里海岸，曲折蜿蜒，山岛竦峙，气象万千。遥溯六千余载，塔山先民，垦殖洪荒，耕海牧渔，生生不息。张网而取海珍，奋臂以创锦绣，勤劳淳朴，物阜民殷，绵延不绝。

方今海洋世纪之初，半岛大地，先声夺人，人尽其才，物尽其用。港域樯桅辐辏，东瀛渔舟驰骋，北通日韩，南达琼粤，乘风破浪，海业斐然。县强民富，享誉迩遐。

人与自然，休戚相关；陆地海洋，脉脉相偎。取之有度，赐之厚福；野蛮攫取，遗害无穷！循应自然，方能丰衣足食；善待海洋，即善待人类自己。故政府立法，施行休渔，渔区尊奉，万民拥戴，以保长渔久业，富我家园。

县域内外，大地新颜，山海共荣，荔港松兰皇城，敞开宽广襟怀。海内宾客纷至，万民空巷云集。舸舰阵列，旌旗蔽日，征鼓阵阵，千舟待发。诚以阅师之际，祈告沧海，潮遂人愿，锦鳞遍渊，凯旋而归，兴我象山！举此隆重庆典，把酒祭酹沧海，以示我五十三万赤子之诚。

幸哉，尚飨！

第八届中国开渔节祭海典礼祭海文

维乙酉之秋，八月壬寅，百里海岸，千年渔乡，又届开渔盛典。象山县代县长李关定偕与会同仁，敬具时果醇酒，祭颂大海于宋皇

城沙滩,而告之以文曰:

茫茫大洋,浩浩东海,涵承陆州,吸纳百川,万物生灵在此孕育,芸芸众生在此发祥。壮哉大海!伟哉大海!

半岛象山,古称蓬莱,山岛竦峙,气象万千。遥溯六千余载,塔山先民,垦殖洪荒,耕海牧渔,生生不息。方今海洋世纪之初,海山仙国,引领潮头,人尽其才,海尽其利,港域樯桅辐辏,东瀛渔舟驰骋,海业斐然,饮誉遐迩。

人与自然,休戚相关,陆地海洋,脉脉相偎。取之有度,赐之厚福,野蛮攫取,遗害无穷!循应自然,方能丰衣足食;善待海洋,即善待人类自己。故政府立法,定期休渔,渔区尊奉,万民拥戴,以保长渔久业。

象山何幸,又逢开渔,举国瞩目,合邑欢腾。街巷披节日盛装,山海同庆;渔港敞宽阔胸怀,开颜迎宾。高朋如云,共享欢乐;万人空巷,同度佳节。舸舰阵列,旌旗蔽日,征鼓阵阵,千舟待发。诚以阅师之际,把酒祭醉,祈告沧海:潮遂人愿,锦鳞遍渊,襄我邑民,兴我渔业!

尚飨!

第十届中国开渔节祭海典礼祭海文

维公元二〇〇七年九月十四日,值中国第十届开渔节之际,主祭者象山县县长李关定偕合邑父老并海内外与会人士,谨具清酌庶馐之奠，祭大海于石浦宋皇城，而告之以文曰：

洪荒初开，即现大海；吞吐日月，辉映星汉。传承雨露，吸纳百川；包容五洲，无垠无边。

茫茫瀛海，生命之源；泽及万物，普天同沾。大瀛海曲，疑是蓬莱；徐福隐迹，乃今象山。凭海为家，代有先贤；渔盐耕作，创业维艰。荒崖浮沙，因势造田；缘海而邑，神龙立县。烟涛为伍，风月相伴；乘风弄潮，鱼蟹满船。日浴鲸波，烟开鳌背；红橙蓝紫，气象万千。片舟垂钓，碧海长天；落霞孤鹜，渔歌唱晚。 归泊向岸，千崖叠翠；仙子之国，远胜伊甸。大海恩我，殷殷可鉴；不敢或忘，临风永怀！

象山何幸，十开盛典。举世瞩目，合邑腾欢。高朋满座，近悦远来。千轮竞发，待命港边。谨把酒祭酹，深愿金风和畅，锦鳞郁勃。佑我渔户：张帆则风顺，下网则鱼丰；朝出暮归，长传平安之信；履波踏浪，永无覆溺之虞。

受海之恩，敢不图报？定当取索有时，以期生生不息。大海有灵，鉴我之诚，请共证斯言，同乐其域，振我渔业，襄我邑人！

尚飨。

第十一届中国开渔节祭海典礼祭海文

维公元二〇〇八年九月十五日，岁在戊子，序属中秋，浙洋重镇，千年渔乡，又届开渔盛典。主祭者石浦镇长孙文明偕渔区乡亲父老并台湾台东县渔业同仁，敬奉鲜花、素果、三牲，高奏大鼓雅乐，祭颂大海于古天门山麓，而告之以文曰：

鸿蒙初开，沧海在先。一碧万顷，茫无际涯。浮沉明月，辉耀星汉。博纳广藏，涵承陆洲。伟哉大海！生命之源。衍生万物，哺育人类。星转斗移，历经宇宙变迁；潮起潮落，阅尽人间沧桑。恩我佑我，殷殷可鉴。不敢或忘，临风永怀！

渔港石浦，浙东古埠。高峰嵯峨而峭立，大海浩渺而回环。渔舟晚唱，响穷五门之内；商贾辐辏，途通三山之外。贝硕鱼丰，饮誉迩遐。百业兴旺，敢为人先。顺应天常，首创休渔。善奉海洋，举国认同。方今海洋世纪，修渔区古迹，传民俗风物，辟休闲胜景，敞大海胸怀。载笑载言，游客懋迁。其乐融融，吉庆余年。

石浦何幸，又逢开渔。举世瞩目，合镇欢腾。千轮竞发，待命港湾。高朋满座，近悦远来。台东富冈，契阔谈谦。颂今思昔，共享和谐。谨把酒祭酹，深愿海不扬波，锦鳞郁勃。张帆则水顺，下网则鱼丰。日作暮息，长传平安之讯；履波踏浪，永无不测之虞。

爱海之恩，敢不图报？定当索取有时，以期生生不息。大海有灵，鉴我之诚，共证斯言，同乐其域，振我海业，襄我渔民！

尚飨！

参考文献

陈汉章总纂民国《象山县志》，方志出版社，2004年重刊。

余维新主编《象山县渔业志》，方志出版社，2008年。

丁爵连主编《象山东门岛志略》，内部刊行，2000年。

朱永林《世纪祭海珍稿》，中国文联出版社，2003年。

丁爵连主编《象山妈祖文化述略》，内部刊行，2004年。

陈勤建《当代东门岛渔民精神生活中的菩萨戏》，《中国渔文化研讨会论文集》，第104—115页。

文君《东门岛妈祖诞辰信仰仪式音声研究》，上海音乐学院硕士学位论文。

史奇山《沿海渔家信仰、风俗的归宿和演变》，《中国渔文化研讨会论文集》，第43—55页。

叶涛《山东沿海渔民的海神信仰与祭祀仪式》，《中国渔文化研讨会论文集》，第70—90页。

后 记

  几经周折,《象山渔民开洋节》终于与读者见面了。回顾成书的经历,有苦也有乐。自从接受编写书稿的任务后,为了能把象山渔民开洋节真实、全面地展示给读者,我们在普查原有资料的基础上,又冒着酷暑下海岛、进渔村,采访老渔民并实地考察,掌握了大量可靠的第一手材料。经过认真梳理,也可以说数易其稿,终于完成。在编撰过程中,编写人员和摄影人员都付出了一番心血,同时大家也从中学得了不少渔区民俗方面的知识。

  民俗专家顾希佳研究员和审稿专家陈华文教授曾对本书的编写进行多次指导,终使书稿顺利完成,在此表示诚挚的谢意。还要感谢为本书提供图片资料的陈朝晖、沈颖俊、郁祖心、蔡根云、周祖安、余新奇、潘琼等老师和同人,有的还不辞辛苦多次赴实地拍摄,使本书的配图工作顺利完成。此外,要感谢提供有关资料的张利民、竺桂良、丁爵连、邵鹏、林志龙、余维新、余亚林等老师及关心、支持本书编撰工作的各级领导和同人。

  由于编撰时间较紧,加上笔者水平有限,字里行间难免有遗漏和讹误之处,殷请专家、读者不吝指正。

编著者

责任编辑：张　宇
装帧设计：任惠安
责任校对：程翠华
责任印制：朱圣学

装帧顾问：张　望

图书在版编目（ＣＩＰ）数据

象山渔民开洋节 / 解亚萍编著. — 杭州：浙江摄影出
版社，2014.1（2023.1重印）
　（浙江省非物质文化遗产代表作丛书 / 金兴盛主编）
　ISBN 978-7-5514-0494-5

　Ⅰ.①象… Ⅱ.①解… Ⅲ.①节日—风俗习惯—象山县
Ⅳ.①K892.1

中国版本图书馆CIP数据核字（2013）第280544号

象山渔民开洋节

解亚萍　编著

全国百佳图书出版单位
浙江摄影出版社出版发行
　　　　地址：杭州市体育场路347号
　　　　邮编：310006
　　　　网址：www.photo.zjcb.com
经销：全国新华书店
制版：浙江新华图文制作有限公司
印刷：廊坊市印艺阁数字科技有限公司
开本：960mm×1270mm　　1/32
印张：6
2014年1月第1版　　2023年1月第2次印刷
ISBN 978-7-5514-0494-5
定价：48.00元